Mach die Welt ein bisschen besser (jeden Tag)

Rätseln, Eintragen, Mitmachen!

Das bin ich!

Ich heiße: Luisa Rotten

Meine Haarfarbe: dunkel blond

Ich bin 1,50 cm groß.

Ich habe Geburtstag am: 19.7.2010

So sehe ich aus:

Hier wohne ich:

Frankfurt am Main

Das mag ich gar nicht:

Das unternehme ich am liebsten draußen:

Bienenretter!

Die pelzigen Flieger produzieren nicht nur leckeren Honig, beim Nektarsammeln summen sie von Blüte zu Blüte und bestäuben so die Pflanzen. Ohne Wild- und Honigbienen könnten keine Blumen wachsen und es gäbe kein Obst und Gemüse. Seit einigen Jahren gibt es leider immer weniger Wildbienen. Wie du ihnen helfen kannst, erfährst du hier.

> Baue eine Nisthilfe für Wildbienen

Das brauchst du:

- 1 Holzkiste für den Rahmen; mind. 8 cm tief
- Hohle, unterschiedlich dicke Bambusröhrchen (und zwar so viele, bis die Holzkiste voll ist)
- Säge
- Schmirgelpapier

Tipp
Holzkiste und Bambusröhrchen bekommst du im Baumarkt

So geht's:

1. Zuerst sägst du die Bambusröhrchen auf die richtige Länge für deine Holzkiste. Sie sollten genau so lang sein, wie die Kiste tief ist, sodass nichts übersteht: Lasse dir das Sägen von einem Erwachsenen zeigen.

2. Ganz wichtig ist dann das Abschmirgeln der Schnittflächen. Sie müssen schön glatt sein, damit keine Splitter den Eingang in die Röhre versperren oder gar die Flügel der Bienen verletzen.

> ! Wildbienen stechen nicht. Sie haben im Gegensatz zu Honigbienen keinen Stachel.

Anders als Honigbienen leben Wildbienen meist allein und nicht in Bienenstöcken. Leider finden die Einzelgänger immer weniger Nistmöglichkeiten, wie z. B. Hohlräume in totem Holz.

3. Stecke nun die Bambusröhrchen hochkant, dicht an dicht in die Holzkiste, bis nichts mehr wackelt und rutscht.

4. Fertig? Nun kannst du dein Bienenhotel an einem trockenen, regengeschützten Ort waagerecht aufhängen oder aufstellen, z. B. unter einem Dachüberstand an einer sonnigen Hauswand. Damit Gäste einziehen, müssen in der Nähe einige leckere Blüten wachsen. Bienen mögen besonders Lavendel, Sonnenblumen, Löwenmäulchen oder Kräuter.

Fertig!

Wer bin ich?

Hast du schon einmal von der Roten Liste gehört? Auf dieser Liste stehen Tiere, die so selten geworden sind, dass sie vom Aussterben bedroht oder stark gefährdet sind.

Findest du heraus, welche bedrohten Tiere hier von sich erzählen?

 Wenn du erraten hast, welches Tier gesucht wird, kannst du es jeweils in den Rahmen malen. **Los geht's!**

1

- Ich lebe mit meiner Familie im Regenwald
- Ich kann sehr gut klettern
- Ich habe ein orangefarbenes Fell
- Ich bin dein tierischer Verwandter

Name des Tiers: Orangutan

2

- Ich bin klein, flink und pelzig
- Ich baue Gänge und Höhlen unter der Erde
- Am liebsten futtere ich Körner und verstecke sie in meinen Backen
- Mein tierischer Verwandter wird gern als Haustier gehalten

Name des Tiers: Feldhamster

Name des Tiers:

_____

Gute Nachrichten!

Einige Bestände von gefährdeten Tieren können sich auch langsam wieder erholen, z.B. die Bestände von Berggorilla und Großem Panda. Die Tiere sind zwar noch stark gefährdet, aber nicht mehr vom Aussterben bedroht.

3

- Ich habe ein gestreiftes Fell
- Ich lebe im Dschungel
- Ich bin kein Hauskätzchen

4
- Ich bin groß, schwer und grau, aber kein Elefant
- Wilderer jagen mich wegen meines Horns
- Ich bin ein Pflanzenfresser

Name des Tiers:

_____

5
- Ich bin das größte Lewesen der Welt
- Ich lebe im Ozean
- Meine Leibspeisen sind Krill und Plankton
- Ich bin ein Säugetier

Name des Tiers:

_____

Lösungen: 1. Orang-Utan, 2. Feldhamster, 3. Tiger, 4. Nashorn, 5. Blauwal

Ist das Kunst

oder kann das weg?

Viele Verpackungen haben tolle Muster, Formen und Farben. Klebe hier ein buntes Kunstwerk aus Altpapier, Bonbonhüllen, abgespülten Joghurtdeckeln und allem, was dir gefällt, ein.

Ganz klar Kunst!

Fruchtiger Eistee oder feine Kräuterlimo? Was ist deine perfekte Erfrischung für heiße Tage? Mit diesen leckeren, gesunden Rezepten kannst du dein Lieblingsgetränk ganz einfach selbst machen!

ERDBEER-EISTEE!

So geht's:

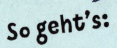

1. Gieße 1,5 Liter Wasser in eine große Karaffe. Fülle den losen Tee in ein Teesieb oder ein Tee-Ei und hänge es ins Wasser (oder hänge die 2 Teebeutel hinein).

2. Wasche die Erdbeeren gut ab, entferne das Grün und schneide sie in Hälften. Ein Erwachsener kann dir sicher dabei helfen. Gib die Erdbeerhälften in den Tee.

3. Stelle die Karaffe in den Kühlschrank. Jetzt heißt es warten. Der Tee muss etwa acht Stunden ziehen.

4. Ist der Tee gut durchgezogen, kannst du ihn wieder aus dem Kühlschrank holen und bei Bedarf mit dem Honig süßen. Alles gut umrühren und eiskalt genießen.

Das brauchst du:

- 2–3 TL losen Schwarztee (oder 2 Beutel schwarzen Tee)
- 250 g frische Erdbeeren aus der Region
- 1 EL Honig aus der Region

Tipp

Ist gerade keine Erdbeer-Saison? Diesen Eistee kannst du mit allen Früchten herstellen, die du magst.

KRÄUTER-LIMONADE!

Tipp
Einen eigenen kleinen Kräutergarten kannst du ganz leicht auf der Fensterbank pflanzen.

So geht's:

1. Kräuter waschen, trocken schütteln und grob hacken. Zusammen mit Zitronenscheiben, Apfelsaft und Honig aufkochen – ein Erwachsener kann dir sicher dabei helfen.

2. Nimm die Kräuter-Apfelsaft-Suppe vom Herd und lasse sie abgedeckt etwa 30 Minuten stehen.

3. Gieße das abgekühlte Gemisch durch ein feines Sieb und lasse es weiter abkühlen.

4. Ist der Kräutersud kalt genug, mischst du ihn mit Mineralwasser.

5. Verteile Eiswürfel oder Crushed Eis auf vier Gläser und gieße deine Kräuterlimonade darüber. Ein paar Kräuterblättchen zur Deko darüber, fertig ist die Limo!

Das brauchst du:

- 1 Stängel Basilikum
- 3 Stängel Minze
- 3 Stängel Zitronenmelisse
- 2 Stängel Rosmarin
- 2 Zitronenscheiben (unbehandelt)
- 250 ml klaren Apfelsaft (am besten aus der Glasflasche)
- 1 EL Honig aus der Region
- 500 ml gut gekühltes Mineralwasser
- Crushed Eis oder Eiswürfel

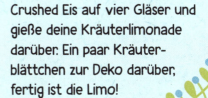

Echte Weltverbesserer

Was meinst du, welche Eigenschaften brauchen ein echter Umweltretter oder eine Umwelt-Superheldin unbedingt? Kreise die fünf besten Fähigkeiten ein.

mutig

abenteuerlustig

tierlieb

freundlich

klug   hilfsbereit

kreativ   albern   frech

ehrlich   geduldig

selbstbewusst   sportlich

neugierig   cool

gerecht

Fallen dir noch andere wichtige Eigenschaften ein? Schreibe sie einfach dazu.

Findest du die Honigbiene?

Biene ist nicht gleich Biene. Zum Bestäuben der Pflanzen sind alle Fluginsekten wichtig, aber nur die Honigbiene stellt den leckeren süßen Sirup her. Kannst du sie erkennen?

Eine Honigbiene fliegt auf der Suche nach Nektar und Pollen täglich bis zu 2000 Blüten an.

Gruppenkuscheln

Zum Schlafen oder Ausruhen kuscheln einige Wildbienen sich in Blütenkelchen zusammen. Gemütlich, oder?

Nummer 3 ist die Honigbiene. 1 Ackerhummel, 2 Furchenbiene, 3 Honigbiene, 4 Mauerbiene, 5 Holzbiene, 6 Blutbiene, 7 Burstenbiene, 8 Erdhummel

Cześć, was?

Wenn man sich miteinander verständigen kann, ist alles leichter. Vielleicht hast du eine Klassenkameradin, die aus einem fremden Land kommt und eine andere Sprache spricht? Sie freut sich bestimmt, wenn du sie morgen in der Sprache ihrer Heimat begrüßt.

	Hallo	Wie geht es dir?
Deutsch	Hallo	Wie geht es dir?
Englisch	Hello	How are you?
Türkisch	Merhaba	Nasılsın?
Spanisch	¡Hola!	¿Cómo estás?
Dänisch	Hej	Hvordan har du det?
Französisch	Salut	Comment vas-tu ?
Niederländisch	Hallo	Hoe gaat het met jou?
Polnisch	Cześć	Jak się masz?
Italienisch	Ciao	Come stai?

 Welche Sprachen sprichst du? _____

Tipp

Um herauszukriegen, wie ein Wort in einer anderen Sprache heißt und wie man es ausspricht, kannst du in einem Wörterbuch nachschlagen oder im Internet schauen. Vielleicht kennst du auch jemanden, der eine andere Sprache spricht, dann kannst du einfach nachfragen.

⬇ Guten Morgen!	⬇ Bitte (= gern geschehen!)	⬇ Danke
Good morning!	You're welcome	Thank you
Günaydın!	Memnuniyetle!	Teşekkür ederim
¡Buenos días!	De nada	Gracias
Godmorgen!	Det var så lidt	Tak
Bonjour !	De rien	Merci
Goede morgen!	Graag gedaan!	Dank je wel
Dzień dobry!	Proszę bardzo	Dziękuję
Buongiorno!	Prego	Grazie

 Welche Sprachen sprechen deine Freunde? ....
....

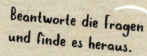

Du hast dich mit deinem besten Freund gestritten. Wer von euch macht den ersten Schritt, um sich wieder zu vertragen?

a) Ich natürlich. Ich mag Streit überhaupt nicht. ☒

c) Er muss sich entschuldigen! ☐

b) Immer der, der angefangen hat. ☐

Du hast dich am Vormittag in der Schule mit einer Freundin verabredet, hast am Nachmittag aber keine Lust mehr auf das Treffen. Was machst du?

a) Verabredungen muss man einhalten. Ich treffe mich trotzdem. ☐

b) Ich sage ehrlich, dass ich heute wenig Lust habe und schlage ein Treffen an einem anderen Tag vor. ☒

c) Ich erfinde eine Ausrede, warum ich nicht kann. ☐

Du bekommst mit, wie einige deiner Klassenkameraden einen fiesen Streich planen. Sie wollen einen Mitschüler ordentlich hereinlegen. Machst du mit?

c) Na klar, Streiche sind doch lustig. ☐

a) Ne, so was finde ich total fies. Ich sage den Blödmännern ordentlich die Meinung. ☐

b) Ich warne den Mitschüler, dem der Streich gespielt werden soll. ☒

Eine Freundin verbreitet hinter deinem Rücken Gerüchte über dich. Was machst du, wenn du es herausbekommst?

b) Ich stelle sie zur Rede. ☒

c) Rache! Ich verbreite ebenfalls Gerüchte über sie. ☐

a) Mit der rede ich nie wieder! ☐

Du bekommst mit, wie jemand schlecht über deine beste Freundin redet. Was machst du?

b) Ich mische mich ein und verteidige meine Freundin. ☒

a) Ich werde wütend und sage der Person, sie soll die Klappe halten. ☐

c) Was soll's?! Solange nicht schlecht über mich geredet wird ... ☐

Wenn dir ein Freund ein Geheimnis anvertraut, ...

a) ... schweige ich wie ein Grab. ☒

c) ... rutscht es mir sicher irgendwann aus Versehen heraus. ☐

b) ... erzähle ich es im Vertrauen weiter. ☐

AUSWERTUNG

Welcher Buchstabe stand am häufigsten bei deiner Antwort? a, b oder c?

a: Einen besseren Freund als dich kann man sich nicht wünschen! Du hast immer ein offenes Ohr und hältst bedingungslos zu deinen Freunden.

b: Du bist ein sehr guter Freund, wählst aber genau aus, mit wem du befreundet sein möchtest. Zwar kommst du mit allen gut zurecht, unterscheidest aber zwischen Kumpels und richtig guten Freunden. Mit Kumpels hast du einfach nur Spaß. Gute Freunde können sich 100% auf dich verlassen.

c: Mit dir kann man jede Menge Spaß und Action erleben. Du bist ein Wirbelwind, der immer alle zum Lachen bringt, und hast viele Freunde. Ein Geheimnis für dich zu behalten, fällt dir aber schwer.

Berufe für Weltverbesserer

Welche Berufe kennst du, bei denen du *Gutes für andere Menschen* oder *unsere Erde* tun kannst?

- Försterin
- Altenpfleger
-
-
-
-
-
-
-
-

Welche Berufe müssten deiner Meinung nach noch erfunden werden?

Weißt du schon, was du später einmal werden möchtest?

Wochen-Challenge:
MACH WAS NETTES!

Versuch doch einmal, jeden Tag eine kleine nette Sache zu machen. Du wirst schnell merken, wie viel Spaß das macht. Kreuze an, was du geschafft hast. Natürlich kannst du auch eigene Ideen eintragen.

Ich habe heute ...

☐ ... mein Zimmer aufgeräumt, ohne zu maulen

☐ ... einem Freund geholfen

☐ ... im Tierheim einen Hund besucht

☐ ... etwas Nettes zu einer Mitschülerin gesagt

☐ ... jemandem die Tür aufgehalten

☐ ... Mama und Papa im Haushalt geholfen

☐ ... den Müll rausgebracht

☐ ... meine Süßigkeiten geteilt

☐ ... mein altes Spielzeug an andere Kinder verschenkt

☐ ... meinen Platz im Bus jemand anderem angeboten

☐ ... _____

☐ ... _____

☐ ... _____

☐ ... _____

☐ ... _____

☐ ... _____

Lecker, KRÄUTER

Kräuterquark selbst gemacht

So geht's:

1. Vorsichtig die Blätter/Halme von deinen Kräuterpflanzen zupfen oder abschneiden. Nimm nur so viele, wie du auch wirklich brauchst. Deine Pflänzchen sollten danach nicht kahl sein.

2. Kräuter waschen, trocken schütteln und fein hacken.

3. Den Quark mit der Milch in eine Schüssel geben und glatt rühren. Mit Salz und Pfeffer abschmecken.

4. Zum Schluss die gehackten Kräuter dazugeben und unterrühren.

Das brauchst du:

- 250 g Quark
- Schnittlauch und andere Kräuter, die dir schmecken. Gut zum Quark passen: Kresse, Petersilie und Dill
- 4 EL Milch
- Salz und Pfeffer

TIPP

Nun kannst du deinen Quark zu Gemüse-Sticks oder einer leckeren Ofenkartoffel genießen!

Kräutergarten auf der Fensterbank

Frische Kräuter sind lecker und können direkt bei dir zu Hause wachsen. Für einen eigenen kleinen Kräutergarten brauchst du nicht einmal viel Platz, du kannst ihn ganz einfach auf der Fensterbank anlegen.

So geht's:

1. Hast du dich für kleine Kräutersetzlinge aus dem Baumarkt oder der Gärtnerei entschieden, befreist du die Pflänzchen zuerst aus ihren alten Töpfen. Dann setzt du sie in Pflanztöpfe mit frischer Erde.

2. Die Wurzeln mit ausreichend Erde bedecken – und die kleinen Pflanzen gut andrücken. Gießen.

3. Du kannst deine Kräuter natürlich auch mit Samen aussäen, dann musst du nur ein wenig länger warten, bis das erste Grün sprießt. Dazu füllst du deine Pflanzgefäße mit frischer Erde und streust dann die Samen obenauf.

Jetzt mischst du sie mit den Fingern vorsichtig in die oberste Erdschicht – nicht zu tief. Drücke die Samen ein wenig an und gieße sie.

4. Stelle die Töpfe nun auf die Fensterbank und wässere sie regelmäßig.

Das brauchst du:

➲ 1 freie Fensterbank, am besten halbsonnig

➲ Pflanzgefäße mit Ablauflöchern und Untersetzer

➲ Kräutersetzlinge oder Samen (z.B. Petersilie, Basilikum, Schnittlauch, Kresse, Pfefferminze, Dill, Oregano ...)

➲ Frische Erde

Kritzel-Challenge: DAS SUPERTIER!

Stell dir vor, du wärst ein turboschlauer Biologe. Welche neue Tierart würdest du für unseren Planeten erfinden?

So sieht mein Supertier aus:

Hier lebt mein Tier: ....
....
....

Mein Tier ist super, weil ....
....
....
....

Das frisst mein Tier am liebsten: ....
....
....

Mein Tier ist ein gutes Haustier: ☐ Ja, ☐ Nein,
... weil ....
....
....

Mein Tier lebt ☐ allein ☒ im Rudel ☐ in der Herde ☐ im Schwarm ☐ ....

Mein Tier ist ein ☐ Schwimmer ☐ Flieger ☒ Landbewohner ☐ ....

Honigbonbons SELBER MACHEN!

Bonbons aus dem Supermarkt sind meist in einer Plastikverpackung eingeschweißt, manchmal ist sogar jedes einzelne Bonbon in der Tüte noch einmal extra in Plastik eingewickelt. Ganz schön viel Müll, oder? Ganz ohne Plastik lassen sich aus Honig im Handumdrehen leckere Bonbons zaubern. Probier's aus.

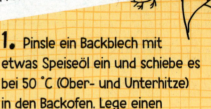

So geht's:

Da bei diesem Rezept gekocht und mit heißem Honig gearbeitet wird, schnappst du dir am besten einen Erwachsenen zum Helfen.

1. Pinsle ein Backblech mit etwas Speiseöl ein und schiebe es bei 50 °C (Ober- und Unterhitze) in den Backofen. Lege einen Esslöffel ins Gefrierfach.

2. Gib den Honig in einen kleinen Topf und lasse ihn bei mittlerer Hitze aufkochen.

3. Hat der Honig gekocht? Gut, dann drehe die Hitze wieder runter und warte, bis der Honig etwas abgekühlt ist.

4. Sobald kaum mehr Dampf über dem Topf zu sehen ist, holst du den Esslöffel aus dem Gefrierfach und tropfst mit einem Teelöffel eine kleine Menge des gekochten Honigs darauf. Wird der Tropfen hart, ist der Honig genug abgekühlt.

Das brauchst du:

- 50 g cremigen Imkerhonig aus der Region
- etwas Speiseöl
- Teigspachtel

5. Nun holst du das vorgewärmte Backblech aus dem Ofen und gießt sofort den Honig darauf.

6. Kurz warten, dann faltest du die fester werdende Honigmasse mit einem Teigspachtel von außen nach innen ein paarmal zusammen.

Tipps:

Bevor du die Bonbons in eine Dose oder ein Glas packst, bestreue sie mit Puderzucker, dann kleben sie nicht zusammen!

Gegen lästigen Husten kannst du eine Handvoll sehr klein gehackter Salbeiblätter nach dem Kochen in den Honig rühren.

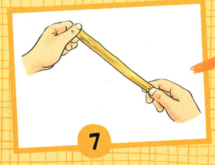

7

7. Ist der gefaltete Honig so weit abgekühlt, dass du ihn anfassen kannst, schnappst du dir den Klumpen, ziehst ihn in der Luft mit beiden Händen auseinander und klappst ihn wieder zusammen. Das machst du ein paarmal – solange bis die Masse heller geworden und nicht mehr durchsichtig ist. Dann ziehst du die Honigmasse wieder in die Länge und rollst mit den Händen eine dünne Wurst.

8. Die Honigwurst schneidest du dann, am besten mit einer Schere, schnell in kleine Stücke – fertig sind die Honigbonbons.

8

Foto-Challenge:
ENTDECKE DIE NATUR!

Schnapp dir einen Fotoapparat oder ein Handy und los geht's! Schaffst du es, alles, was unten genannt ist, zu entdecken und zu knipsen? Fülle die Rahmen mit deinen Bildern. Mache ein Foto von …

... einem Vogel

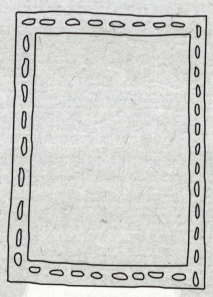

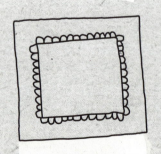

... einer Ameise

... einer gelben Blume

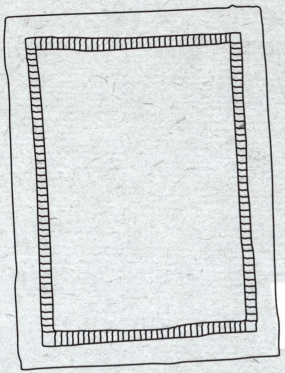

... einer Biene

... einem großen Baum

... einem kleinen Baum

... einem Tannenzapfen

Natur erleben! ✓ ?
Was magst du lieber

Kreuze an.

☒ Strand *oder* ☐ Berge

☒ Sonne *oder* ☐ Schnee

☒ Wald *oder* ☐ Wiese

☒ Regen *oder* ☐ Sturm

☒ Badesee *oder* ☒ Meer

☐ Angeln *oder* ☒ Drachen steigen lassen

☒ Fahrrad fahren *oder* ☐ Wandern

☐ Sonnenaufgang *oder* ☒ Sternschnuppen

Am liebsten bin ich
draußen mit

- - - - - - - - - - - - - - - - - - - -

- - - - - - - - - - - - - - - - - - - -

Das letzte Mal barfuß
gelaufen bin ich

- - - - - - - - - - - - - - - - - - - -

- - - - - - - - - - - - - - - - - - - -

- - - - - - - -

Das mache ich am liebsten,
wenn die Sonne scheint

Als ich das letzte Mal im Wald war,

Das coolste Tier, das ich jemals beobachtet habe, sah so aus:

Das nehme ich zu einem Picknick mit:

Das war das Schönste, was ich jemals in der Natur erlebt habe:

Ruckzuck-T-SHIRT-TASCHE!

Plastiktüte zum Einkaufen? Ach was, völlig unnötig! Aus einem alten T-Shirt kannst du dir in ein paar Minuten einen coolen Umhängebeutel machen – sogar ganz ohne Nähen.

So geht's:

1. Schneide mit der Schere einmal am Ausschnitt des T-Shirts entlang und entferne den Kragen.

1+2

Das brauchst du:
- 1 altes T-Shirt
- Schere
- Lineal

2. Dann schneidest du auf beiden Seiten die Ärmel entlang der Naht ab.

Tauschtag

Bevor du Dinge wegwirfst, kannst du mit deinen Freunden einen lustigen Tauschtag veranstalten. Jeder kann dazu Kleidung und Spielsachen mitbringen, die er nicht mehr benutzt oder die ihm nicht mehr passen, und ihr tauscht einfach untereinander.

3. Jetzt kommt das Lineal zum Einsatz. Schneide den unteren Teil des T-Shirts gleichmäßig ein. Schneide dazu entlang des Lineals etwa 10–12 cm weit und setze immer mit einem Zentimeter Abstand den nächsten Schnitt an. Das machst du so lange, bis das ganze T-Shirt unten eingeschnitten ist und viele kleine Flatterstreifen entstanden sind.

5. Zum Schluss verknotest du die jeweils aufeinanderliegenden Streifen (von der T-Shirt-Vorder- und Rückseite) mit einem Doppelknoten – fertig ist deine selbst gemachte Einkaufstasche!

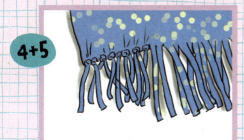

Fertig!

4. Als Nächstes schnappst du dir den Anfang eines Streifens, hältst ihn gut fest und ziehst ihn in die Länge, bis er sich ausdehnt. Das machst du bei jedem einzelnen Streifen.

Glückslisten

Was hilft am besten gegen schlechte Laune? Genau, sich an schöne Dinge zu erinnern! Probiere es gleich aus.

Schönste Überraschungen:

Lustigste Erlebnisse:

Lieblingsplätze:

Tollste Geschenke:

Lieblingsgerichte:

Lieblingsfilme und -serien:

Lieblingsbücher und -spielzeug:

Beste Freunde:

Kritzel-Challenge:
Zauberhafte Schmetterlinge !

Auf geht's in die Natur! Welche Schmetterlinge kannst du entdecken? Zeichne weiter oder denke dir deine eigenen Lieblingsfalter aus.

Drei in eins

Schmetterlinge haben keine Ohren oder Nase. Sie können mit ihren Fühlern hören, riechen und fühlen. Ganz schön praktisch, oder?

Die Superschule!

Egal, ob du gern zur Schule gehst oder findest, dass Schule nervt: Bestimmt fallen dir viele Sachen ein, wie man Schule besser machen könnte. Hier kannst du all deine Ideen aufschreiben.

Welche Schulfächer müssten unbedingt erfunden werden?

- Tiersprachen verstehen
- ....
- ....
- ....
- ....
- ....
- ....

Was könnten die Lehrer und Lehrerinnen besser machen?
....
....

Was müsste sich sonst noch in deiner Schule verändern, damit alle gern hingehen?
....
....

Was wäre wenn ... ?

... du die Umweltministerin treffen könntest?

Was würdest du dir von ihr wünschen? Was würdest du sie fragen?

Was würdest du in eurer Stadt sofort ändern wollen?

Volle Bäuche für Piepmätze!

Da Insekten immer weniger Futterpflanzen finden und sich ihre Zahl deutlich verringert hat, gibt es auch für Vögel immer weniger Käfer und andere Krabbeltiere zum Futtern. Besonders in kalten Wintern, bei gefrorenem Boden, finden die Piepmätze kaum Nahrung. Möchtest du ihnen helfen?

So geht's:

1. Gib den Klumpen Kokosfett in einen Kochtopf und lasse ihn schmelzen. Dann rührst du die Körnermischung unter. Ist alles gut verrührt, lässt du das Gemisch etwas abkühlen. Aber nicht so lange, bis das Fett wieder hart geworden ist. Beim Kochen kann dir sicher ein Erwachsener helfen.

2. In der Zwischenzeit kannst du den Blumentopf vorbereiten. Stecke den Zweig so in das Loch des Topfs, dass er oben und unten ein gutes Stück herausragt. Die Vögel brauchen den Zweig zum Landen und Festhalten beim Futtern.

Das brauchst du:

- 150 g festes Kokosfett
- 150 g Vogelfutter Körnermischung
- 1 kleiner Blumentopf aus Ton (etwa 10 cm Durchmesser) mit Loch im Boden
- 1 Stück Schnur
- 1 Zweig, der länger ist als der Blumentopf und ziemlich genau durch das Loch am Boden des Topfs passt

Hungriger Nachwuchs

Vogelküken brauchen unbedingt Insektennahrung, um groß und stark zu werden, denn mit Körnern können sie nichts anfangen. Damit die Vogel-Eltern die wenigen Insekten, die sie finden, auch wirklich an ihre Jungen verfüttern und nicht selbst verspeisen, weil sie Hunger haben, halten einige Forscher es mittlerweile für sinnvoll, Vögel auch im Sommer mit Körnerfutter zu unterstützen.

3. Stelle den Blumentopf nun, wie in der Abbildung, auf ein hohes Glas oder eine Flasche. Jetzt kannst du die abgekühlte, noch zähflüssige Körnermasse in den Blumentopf füllen. Am besten holst du dir für diesen Schritt einen Helfer, der den Blumentopf hält. So kann er nicht wegrutschen.

4. Ist der Blumentopf voll, musst du warten, bis die Körnermasse komplett getrocknet und hart und fest ist.

5. Jetzt bindest du ein Stück Schnur ans obere Ende des Zweigs und hängst deine fertige Vogelglocke z. B. in einen Baum.

Wochen-Challenge:
Meine Gewohnheiten

	Tag 1	Tag 2
→ Aufgestanden um:		
→ Obst gegessen?		
→ Gemüse gegessen?		
→ Wie lange Fernsehen geguckt?		
→ Wie lange mit einem Handy / Computer gespielt?		
→ Draußen in der Natur gewesen?		
→ Etwas Nettes gemacht / jemandem geholfen?		
→ Hausaufgaben gemacht?		
→ Mit Freunden getroffen?		
→ Etwas mit der Familie gemacht?		
→ Süßigkeiten gegessen?		
→ Schlafen gegangen um:		
→ .... (Platz für eigene Idee)		

1. Was machst du jeden Tag? Trage drei Tage lang deine Gewohnheiten in die Liste ein.

2. Schau dir dein Ergebnis an. Na, überrascht? Möchtest du etwas ändern? Leg gleich morgen los und trage drei weitere Tage ein, was du geändert hast.

Tag 3	Tag 4	Tag 5	Tag 6

Ich regier die Welt!

Was würdest du verbieten und was erlauben?

VERBOTEN!

Was müsste deiner Meinung nach verboten sein?

ERLAUBT!

Was müsste deiner Meinung nach unbedingt erlaubt werden?

Stecker raus!

Bist du schon einmal durch euer Haus oder eure Wohnung gegangen und hast die Elektrogeräte gezählt? Nein? Du wirst staunen, wie viele es sind.

Auch im Bild haben sich in jedem Raum Elektrogeräte versteckt. Kannst du sie finden? Kreise sie ein.

Was meinst du, welche **3** Geräte verbrauchen am meisten Strom?

1.
2.
3.

Die größten Stromfresser: Platz 1 Elektroherd, Platz 2 Gefrierschrank, Platz 3 Kühlschrank. Falls eure Heizung schon älter ist, liegt die alte Heizungspumpe im Keller wahrscheinlich noch vor dem Elektroherd.

Wie nachhaltig lebst du (schon)?

Beantworte die Fragen und finde es heraus.

	STIMMT	STIMMT NICHT
Im Bad drehe ich immer das Wasser aus, während ich mir die Zähne putze.	☐	☐
Ich mache die Kühlschranktür immer schnell wieder zu, wenn ich etwas herausgeholt habe.	☐	☐
Ich schalte Fernseher und Computer ganz aus, wenn ich sie nicht mehr benutze. Ich lasse sie nicht im Stand-by-Modus.	☐	☐
Ich mache das Licht in meinem Zimmer aus, wenn ich rausgehe.	☐	☐
Ich achte darauf, den Müll bei uns zu Hause richtig zu trennen.	☐	☐
Auch wenn kein Mülleimer in der Nähe ist und gerade niemand hinschaut, werfe ich meinen Abfall nicht in die Landschaft.	☐	☐
Mein nicht aufgegessenes Pausenbrot werfe ich nicht weg, sondern nehme es wieder mit nach Hause und esse es später auf, wenn ich Hunger habe.	☐	☐
Zum Einkaufen nehme ich immer einen Stoffbeutel mit.	☐	☐

	STIMMT	STIMMT NICHT
Wenn ich mit meinen Eltern einkaufen bin, bitte ich sie, lieber loses Obst und Gemüse zu kaufen als in Plastik eingeschweißtes.	☐	☐
Ich habe in unserer Schule eine Müll-Sammel-AG gegründet oder bin Teil einer solchen AG.	☐	☐
Für Klassenausflüge habe ich eine wiederbefüllbare Getränkeflasche.	☐	☐
Wenn es geht, fahre ich mit dem Fahrrad.	☐	☐
Meine Schulhefte sind aus recyceltem Papier.	☐	☐

AUSWERTUNG

Bei wie vielen Aussagen konntest du „stimmt" ankreuzen?

10-13: Bravo! Du bist ein richtiger Umwelt-Superheld!

5-9: Gut, du machst schon sehr viel, um unsere Umwelt zu schützen.

0-4: Niemand ist perfekt – im Buch findest du noch viele spaßige Tipps und Tricks. So wirst auch du zum Umweltheld!

Was ist Nachhaltigkeit?

Nachhaltig verhalten wir uns, wenn wir bei allem, was wir jetzt machen, immer auch an die Zukunft denken und nur so viel von etwas verwenden, wie auch von allein wieder nachwachsen kann. Das heißt z. B. nicht mehr Fische zu fangen, als wieder neue Fische geboren werden, nicht mehr Bäume zu fällen, als nachwachsen können, aber auch z. B. kein Wasser zu verschwenden, damit alle Menschen auf der Erde noch lange Zeit genug Wasser haben.

Zu Hause schmeckt's am besten

Bestimmt hast du auch im Winter schon einmal Erdbeeren im Supermarkt entdeckt? Aber wo kommen die roten Früchtchen eigentlich her, wenn bei uns Eis und Schnee herrschen? Obst und Gemüse haben oft weite Reisen mit dem Flugzeug oder dem LKW hinter sich. Beim Transport gelangen dann viele Abgase in die Luft.

Wenn du mit deinen Eltern im Supermarkt bist, könnt ihr darauf achten, Obst und Gemüse einzukaufen, das in der Jahreszeit bei uns wächst und ohne lange Anreise im Laden landet.

Hier findest du eine kleine Übersicht!

FRÜHLING

- Frühlingszwiebeln
- Kartoffeln
- Radieschen
- Kohlrabi
- Möhren
- Gelbe Bohnen
- Zuckerschoten
- Erbsen
- Spargel
- Spinat

Was ist dein Lieblingsobst?

Welches Gemüse isst du am liebsten?

SOMMER

- Kräuter
- Brokkoli
- Beeren
- Rettich
- Gurke
- Blumenkohl
- Tomaten
- Mangold
- Artischocke
- Zucchini
- Aubergine
- Kirschen
- Paprika
- Salate
- Grüne Bohnen
- Mais
- Möhren
- Staudensellerie
- Erdbeeren

HERBST

- Nüsse
- Kartoffeln
- Pilze
- Weintrauben
- Apfel
- Birne
- Kürbis
- Zwiebeln
- Porree
- Fenchel
- Pastinake

WINTER

- Steckrübe
- Rosenkohl
- Weißkohl
- Schwarzwurzel
- Petersilienwurzel
- Grünkohl
- Rotkohl
- Rote Beete
- Topinambur

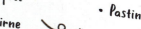

Mülltrennen!

Bestimmt ist dir schon einmal aufgefallen, dass es für verschiedenen Müll oft verschiedene Abfallbehälter gibt. Wie gut kennst du dich mit dem Mülltrennen aus? Kannst du den Müllberg richtig sortieren? Ziehe Linien vom Müll zur Mülltonne. Was gehört zusammen in eine Tonne?

Beschrifte die Mülltonnen. Welcher Müll gehört worein?

Ausflugstipps

Hast du Lust auf einen besonderen Ausflug in der Natur? Es gibt viel zu entdecken! Welcher der Vorschläge gefällt dir am besten?

Lerne die Bienen kennen – Besuch beim Imker:

Viele Imker bieten Schulklassen an, sie und ihre Bienen zu besuchen. Dabei erfahrt ihr Spannendes über die fleißigen Tierchen, dürft schauen, wie ein Bienenstock von Innen aussieht und leckeren Honig probieren.

Ausflug auf den Bauernhof

Liebst du Tiere? Oder wolltest du schon immer einmal wissen, wie die Milch von der Kuh in den Laden kommt? Dann ist ein Bauernhofbesuch genau das richtige für dich.

Unternimm eine Morgenwanderung

Die meisten Tiere sind Frühaufsteher, daher kannst du sie in der Morgendämmerung am besten beobachten. Schnapp dir deine Familie und zusammen schleicht ihr euch leise, am besten noch vor Sonnenaufgang, raus in Wald und Wiesen (laute Geräusche erschrecken die Tiere). Viel Spaß beim Beobachten – und einen herrlichen Sonnenaufgang bekommt ihr auch noch dazu!

Fledermaus-Wanderung

Hast du schon einmal eine Fledermaus gesehen? In vielen Städten bieten Naturschutzvereine Führungen an, bei denen du die lautlosen Flieger in der Abenddämmerung beobachten kannst.

Auf welchen Ausflug hast du am meisten Lust?

Wen nimmst du mit?

Lachen ist gesund!

Und Quatsch machen tut manchmal richtig gut!
Also, schnapp dir einen Freund und los geht der
Grimassen-Wettbewerb.

Wie sieht deine lustigste Grimasse aus?

Wie sieht die beste Grimasse deines Freundes aus?

Kritzel-Challenge:
IM WALD

Der Wald ist ein wichtiger Lebensraum für viele Tier- und Pflanzenarten. Was kannst du dort alles entdecken? Welche Vögel könnten ihre Nester in den Bäumen bauen? Von welchen Tieren stammen die Spuren? Schnapp dir Stifte, fertig, los!

Post
VON MIR!

Stell dir vor, du wärst ein bedrohtes Tier, wie zum Beispiel ein Orang-Utan im Regenwald, dessen Lebensraum abgeholzt wird. Oder eine Giraffe in der Savanne, die von Wilderern gejagt wird. Was würdest du den Menschen in einem Brief schreiben wollen?

Das macht mich wütend.

> Das macht
> mich traurig.

> Darum bitte ich
> die Menschen.

> Das macht
> mir das Leben
> schwer.

> Darum
> finde ich kein
> Futter.

Hallo, gute Laune!

Möglichkeiten, um meiner Familie eine Freude zu machen:

Möglichkeiten, um anderen zu helfen:

Möglichkeiten, um meine Freunde zum Lachen zu bringen:

Menschen und Dinge, die mich zum Lächeln bringen:

Für diese Menschen bin ich besonders dankbar:

Das war mein allerglücklichster Moment:

Wilde Tiere *in der Großstadt*

Durch Städte und Straßen wird die Natur an vielen Orten immer mehr zurückgedrängt. Zum Glück sind Tiere oft ziemlich clever und finden sich mittlerweile auch gut in Städten zurecht. In Parks und Gärten haben sie neue Lebensräume gefunden. Volle Mülltonnen, Beete, Komposthaufen und Futterstellen wie Vogelhäuschen bieten Nahrung. Kannst du alle Tiere entdecken?

Ich habe:

Tiere im Bild gezählt.

klingeltongezwitscher

Klingelt da ein Handy? Nein, es ist eine Amsel, die eine Handymelodie perfekt nachahmt! Vogelkundler haben dieses Verhalten bei Amseln und Staren in der Großstadt beobachtet.

Lösung: Im Bild sind 23 Tiere.

Ein Herz für Tiere

Magst du Tiere? Mit diesen einfachen Tipps wirst du zum Tierschützer. Kreuze an, was du sofort machen kannst:

- ☐ Falls du ein Haustier hast, freut es sich, wenn du dich gut um es kümmerst. Regelmäßiges Füttern, Knuddeln, Gassi gehen oder Stall ausmisten gehören dazu.

- ☐ Wenn du ein Tier in Not siehst, kannst du am besten einem Erwachsenen Bescheid geben und ihr überlegt zusammen, was ihr machen könnt.

- ☐ Bist du mit deinen Eltern beim Einkaufen, kannst du sie bitten, beim Kauf von z. B. Eiern, Fleisch, Milch und Käse darauf zu achten, dass die Tiere, von denen die Produkte stammen, artgerecht und tierfreundlich gehalten werden.

- ☐ Bestimmt hast du auf dem Jahrmarkt schon einmal ein Pony-Karussell gesehen? Das sind die kleinen Manegen, in denen Kinder auf Ponys reiten können. Die Tiere laufen oft stundenlang im Kreis und müssen den Lärm der vielen Besucher und Fahrgeschäfte aushalten. Wenn du gern reiten möchtest, bitte deine Eltern lieber, mit dir einen Ausflug zu einem Reiterhof oder einem Bauernhof mit Ponys zu machen.

Was fällt dir sonst noch ein?

- ☐ ....
- ☐ ....
- ☐ ....
- ☐ ....

Auf zur Demo!

Viele Menschen demonstrieren für mehr Umweltschutz, für Tierschutz, für mehr Gerechtigkeit und andere Dinge. Wofür würdest du demonstrieren? Male dein eigenes Plakat.

Rotkehlchen oder Saatkrähe?
Welcher Vogel bist du?

Beantworte die Fragen und finde es heraus.

Wenn morgens der Wecker klingelt …?

B) … springe ich munter und topfit aus dem Bett. ☐

A) … drehe ich mich noch mal um und kuschle mich in die Kissen. Stehe dann aber auch bald auf. ☐

C) … lausche ich, ob schon wer aus meiner Familie wach ist. Wenn ja, stehe ich auch auf. ☐

D) … Wecker? Ich mache die Nacht durch und schlafe am Tag. ☐

Wie groß bist du?

B) Klein ☐

D) Groß, ich bin der/die Größte in unserer Klasse ☐

C) Mittel ☐

A) Wenn ich mich strecke, kann ich ziemlich groß sein, aber ich kann mich auch sehr klein machen. ☐

Bist du eher …

C) … neugierig und offen ☐

B) … sportlich und immer unterwegs ☐

D) … gemütlich und entspannt ☐

A) … ziemlich clever ☐

Blaumeisen sammeln Kräuter wie Minze oder Lavendel, die sie in ihrem Nest verteilen, um schädliche Bakterien fernhalten. Ganz schön clever, oder?

Was isst du von folgenden Dingen am liebsten?

D) Ich liebe Fleisch!

A) Hauptsache, mein Essen wird mir gebracht und ich muss mich um nichts kümmern.

C) Ich mag alles.

B) Ich mag Beeren, Nüsse und zwischendurch mal ein Häppchen Fleisch.

Verreist du gern?

D) Nö, ich mach's mir lieber zu Hause gemütlich.

A) Ich wollte schon immer mal nach Afrika.

C) Solange ich mit meinen Kumpels zusammen sein kann, ist mir egal, wo ich bin.

B) Ich verreise ganz gern, aber lieber nicht so weit weg.

AUFLÖSUNG:

Was meinst du, welchem Vogel ähnelst du? Zähle durch. Der Buchstabe, der am häufigsten bei deiner Antwort steht, verrät dir, welcher Vogel du bist.

A: Du bist ein cleverer Kuckuck und kannst dich an jede Situation anpassen.

B: Du bist ein freundliches Rotkehlchen. Schon am frühen Morgen bist du putzmunter und steckst alle mit deiner guten Laune an.

C: Du bist eine unkomplizierte Saatkrähe und verbringst gern Zeit mit deinen Freunden.

D: Du bist eine entspannte Eule und machst es dir gern zu Hause gemütlich.

Nie wieder FOLIE!

Weg mit Plastiktüte und Frischhalte- oder Alufolie! Dein Schulbrot, Obst und Gemüse für unterwegs oder Lebensmittel im Kühlschrank lassen sich super in wiederverwertbare Bienenwachstücher packen.

Und die kannst du auch noch ruckzuck selbst machen.

Das brauchst du:

- 100% Baumwollstoff
- 2 Lagen Backpapier
- Ein paar Gramm Bienenwachs in Bio-Qualität
- 2 kleine Töpfe, die ineinanderpassen (fürs Wasserbad)
- Backpinsel
- Bügeleisen
- Zickzackschere oder normale Schere

So geht's:

1. Schneide ein Stück Stoff auf deine gewünschte Größe.

2. Breite Backpapier auf deiner Arbeitsfläche aus und lege das Stück Stoff darauf.

3. Lasse das Bienenwachs im Wasserbad schmelzen. Ein Erwachsener kann dir dabei sicher helfen.

> Außer rohes Fleisch kannst du alles in dein Wachstuch einwickeln. Zum Reinigen einfach mit kaltem Wasser abspülen.

4. Nun kannst du den auf dem Backpapier ausgebreiteten Stoff mit dem geschmolzenen Wachs bestreichen. Das geht am besten mit einem Backpinsel.

7. Fertig gebügelt? Nun kannst du, am besten mit einer Zickzackschere, die Ränder des Tuchs sauber abschneiden.

5. Wenn du alles gut eingepinselt hast, lege ein weiteres Backpapier über deinen Stoff.

6. Jetzt bügelst du den Stoff unter dem Backpapier. Bügle ruhig etwas länger. Das Wachs muss unter dem Bügeleisen richtig flüssig werden, damit es tief in den Stoff einzieht.

Fertig!

Bereit für die Polar-Expedition?

Am Nord- und Südpol unserer Erde gibt es Gebiete, die eigentlich immer mit Eis bedeckt sind. Sie heißen Arktis und Antarktis. Was brauchst du für deine Expedition in die eisige Polarwelt? Packe deinen Koffer und kreise ein, was unbedingt mit muss:

Welche Abenteuer könntest du bei deiner Polarexpedition erleben? Welche Tiere möchtest du gern treffen?

....
....
....
....

Eisbären haben Schwimmhäute – genau wie Enten.

Tauwetter!

Auf unserer Erde ist es durch den Klimawandel langsam immer wärmer geworden. Leider haben schon ein paar Grad mehr für die eisigen Pole schlimme Folgen. Am stärksten betroffen sind die Eisbären: Ihnen schmilzt der Boden unter den Füßen weg.

Kaum zu glauben, aber einige Tiere fühlen sich nur bei Gefriertemperaturen pudelwohl. Alles andere wäre ihnen sogar viel zu heiß! Weißt du, welches Tier wo lebt? Kreuze an:

Eisbär
NORDPOL ☐ SÜDPOL ☐ WOANDERS ☐

Wolf
NORDPOL ☐ SÜDPOL ☐ WOANDERS ☐

Pinguin
NORDPOL ☐ SÜDPOL ☐ WOANDERS ☐

Narwal
NORDPOL ☐ SÜDPOL ☐ WOANDERS ☐

Kaninchen
NORDPOL ☐ SÜDPOL ☐ WOANDERS ☐

Seeleopard
NORDPOL ☐ SÜDPOL ☐ WOANDERS ☐

Hummel
NORDPOL ☐ SÜDPOL ☐ WOANDERS ☐

Walross
NORDPOL ☐ SÜDPOL ☐ WOANDERS ☐

Tipp: Pinguine haben keine Angst vor Eisbären.

Nordpol: Eisbär, Walross, Narwal. Südpol: Pinguin, Seeleopard. Woanders: Wolf, Hummel, Kaninchen.

Super Bio

Stell dir vor, du bist ein Produkt-Designer:
Welches Bio-Produkt würdest du erfinden?

Wie würde es aussehen?

Worauf würdest du achten?

Kann man dein Produkt anziehen?

Oder kann man es essen?

Entweder ... oder ?

Es gibt viele Möglichkeiten, etwas Gutes für die Umwelt zu tun. Kreise immer das ein, was dir lieber wäre.

Radfahren **oder** zu Fuß gehen

Regenwasser sammeln **oder** Kräutergarten anlegen

weniger Fleisch **oder** weniger Süßigkeiten

kein Handy **oder** kein Fernsehen **oder** kein Computer

duschen **oder** baden

Baum pflanzen **oder** Blumen gießen

Biene **oder** Ameise

einen Tag kein Plastik **oder** einen Tag kein Strom

mit einem Hund Gassi gehen **oder** eine Spinne raussetzen

Tierisch beste Freunde

Hast du ein Haustier? Hier ein paar Tipps, wenn du dich mal wieder fragst, was dein Tier dir sagen möchte:

Hund verstehen

Ich habe Angst.

Ich freue mich, dich zu sehen!

Ich bin sauer!

Katze verstehen

Ich chille.

Hallo!

Geh weg!

Pferd verstehen

Komm ruhig näher.

Bleib bloß weg!

Ich bin traurig.
Mir geht es nicht gut.

Kaninchen verstehen

Ich bin entspannt und zufrieden.

Ich will sehen,
was passiert!

Ich habe Angst!

Wenn Kaninchen mit den Hinterbeinen auf den Boden trommeln, warnen sie sich gegenseitig vor möglichen Feinden.

Wochen-Challenge:
Gutes für die Umwelt

Schaffst du es in einer Woche zum Umwelthelden? Mache einfach jeden Tag ein bisschen was für die Welt – und schwupps – bist du ein echter Ökoretter!

Hier kannst du ankreuzen, welche Dinge du machen möchtest und hast Platz für eigene Ideen:

- ein Tag kein Fleisch
- ein Tag (fast) kein Plastik
- eine Spinne raussetzen
- ein Tag offline
-
-
-
-

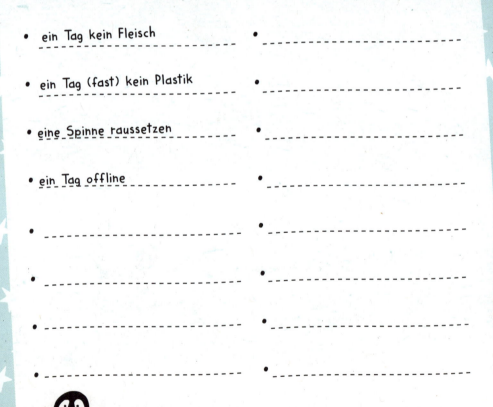

Biosiegel

Auf geht's in den Supermarkt! Schau dir die Produkte dort einmal genau an. Auf einigen Verpackungen kannst du vielleicht kleine Bildchen entdecken, die dir zeigen, dass ein Produkt besonders umweltfreundlich oder tierfreundlich ist. Diese Hinweis-Bildchen nennt man auch Biosiegel.

Welche Biosiegel kannst du im Supermarkt entdecken?

Vielleicht findest du auch welche auf Verpackungen bei euch zu Hause?

Wie würde dein Bio-Siegel aussehen?

Warmes Winterquartier

Möchtest du den Igeln im Winter helfen? Dann kannst du ihnen eine gemütliche Behausung für die kalte Jahreszeit bauen.

Baue eine Igelburg:

1. Zuerst suchst du eine gemütliche Ecke für den Igel aus. Der Platz sollte ruhig, schattig und windstill sein, z. B. unter einer Hecke.

2. Für eine kuschelige Blätterhöhle machst du einfach einen schön großen Haufen aus Laub und bedeckst ihn mit Zweigen. **Fertig!**

! Ein Igel hat etwa 8000 Stacheln. Ganz schön viele, oder? Damit der Igel nicht unter seiner Stachellast zusammenbricht, sind die Stacheln innen hohl. So sind sie leichter und der Igel kann trotz seiner vielen Stacheln durch die Gegend flitzen.

Tipp

Damit sich bei Regen kein Wasser im Igelunterschlupf sammelt, kannst du den Boden vorher mit einer Schicht Sand oder Kies auslegen.

Bilderrätsel

Nanu, was ist denn das, was da zwischen Amerika und Asien im Pazifik treibt. Weißt du, was hier auf dem Bild zu sehen ist? Kreuze an:

☐ Eine bisher unentdeckte Insel

☐ Ein neuer Kontinent, der durch ein großes Seebeben entstanden ist

☐ Ein schwimmender Teppich aus Plastikmüll

Was wir für die Meere tun können:

- Plastikmüll vermeiden – und vor allem nicht in die Landschaft werfen.
- Müll trennen, damit Plastikmüll überhaupt recycelt werden kann.
- Weniger mit dem Auto fahren, denn das CO_2, das dabei ausgestoßen wird, macht das Meerwasser sauer. Dies schadet den Meeresbewohnern.

Im Pazifischen Ozean treibt ein Teppich aus Plastikmüll. Die Meeresströmung im Nordpazifik treibt diesen gigantischen Müllteppich durch den Ozean und schiebt ihn zu einer riesigen, schwimmenden Müllhalde zusammen. An manchen Stellen ist die Müllschicht bis zu 30 Meter tief! Kaum zu glauben und auch ganz schön eklig, oder?

Was meinst du,
wie sieht unsere Welt aus in ...

... 10 Jahren?

Ich bin jetzt _ _ _ _ Jahre alt.

Ich werde _____

_____

Die Welt wird _____

_____

... 30 Jahren?

Ich bin jetzt _ _ _ _ Jahre alt.

Ich werde _____

_____

Die Welt wird _____

_____

... 50 Jahren?

Ich bin jetzt _ _ _ _ Jahre alt.

Ich werde _____

_____

Die Welt wird _____

_____

Welches gefährdete Tier bist du ?

Welchem bedrohten Tier bist du am ähnlichsten? Mache den Test und finde es heraus.

Was machst du am liebsten?

B) Mit meiner Familie zusammen sein ☐

A) Chillen und essen ☐

D) Alles Mögliche, ich kann nie lange stillsitzen ☒

C) Schwimmen ☐

Was ist dein Lieblingsort?

D) Unser Garten ☐

C) Ich liebe das Meer ☐

B) Hauptsache, ich kann dort klettern ☒

A) Exotische Orte finde ich gut: Asien zum Beispiel. ☐

Mit wem bist du am liebsten zusammen?

B) Mit meiner Familie und meinen Verwandten ☐

D) Mit meinen Freunden ☐

A) Am liebsten habe ich meine Ruhe und faulenze für mich allein. ☒

C) Ich erkunde meine Umgebung lieber allein. ☐

Was sind deine Lieblingstiere?

B) Ich mag aktive Tiere, mit denen ich spielen kann. ☒

D) Ich finde Insekten faszinierend. ☐

C) Am liebsten schaue ich mir die Tiere in einem Aquarium an. Wale, Fische und alles, was unter Wasser lebt, finde ich spannend. ☐

A) Ich mag ruhige Tiere, die ich gut beobachten kann. ☐

Stell dir vor, die Schule fällt überraschend aus. Was machst du?

A) Ich gehe wieder schlafen.

C) Nach dem Waschen bin ich immer putzmunter, also mache ich einen Plan, was ich mit dem freien Tag anstellen könnte.

B) Ich frühstücke erst einmal mit meiner Familie und dann unternehmen wir was zusammen. ☒

D) Ich rufe sofort meine Freunde an und verabrede mich. Allein zu Hause rumhocken mag ich nicht.

A B|| C||| D

AUFLÖSUNG:

Welcher Buchstabe stand am häufigsten bei deiner Antwort? Er verrät dir, welches Tier du bist.

A: Du faulenzt gern und liebst gutes Essen – genau wie der niedliche Pandabär. Dank deiner freundlichen Art hat dich jeder zum Knuddeln gern.

B: Du bist ein geselliger Orang-Utan und verbringst gern Zeit mit deiner Familie. Du bist sportlich und geschickt – es gibt kaum einen Baum, den du nicht erklimmen könntest.

C: Du liebst es zu schwimmen und zu planschen. Manchmal bist du aber auch ganz gern allein und hast deine Ruhe. Du bist der Meeresschildkröte ähnlich.

D: Du bist eine eifrige Biene und immer unterwegs. Am liebsten erlebst du mit deinen Freunden draußen in der Natur Abenteuer.

Upcycling-Challenge:
KORKEN-PINNWAND!

Upcycling bedeutet, aus etwas Altem oder Kaputtem – etwas, was eigentlich in den Müll kann – etwas anderes, schöneres zu machen.

Ein richtiger Hingucker und ein super Aufbewahrungsort für Postkarten, Fotos oder Erinnerungs-Zettel ist eine bunte Pinnwand aus alten Korken. Wie du die Pinnwand ganz einfach selbst basteln kannst, erfährst du hier.

Das brauchst du für eine 20 x 30 cm große Pinnwand:

❯ 1 Bilderrahmen im Format 20 x 30 cm

❯ Etwa 50 alte Flaschenkorken

❯ 1 Cutter oder scharfes Messer

❯ Acrylfarbe und Pinsel

❯ Heißkleber

❯ Eine Handvoll Pinnnadeln

So geht's:

1. Entferne das Glas aus dem Rahmen und setze ihn dann wieder zusammen.

2. Nun schneidest du die Korken mit dem Cutter oder einem scharfen Messer alle einmal in der Mitte durch. Ein Erwachsener kann dir sicher dabei helfen.

3. Anschließend kannst du ein paar Korken mit Acrylfarbe anmalen und trocknen lassen.

4. Jetzt wird's sehr heiß, lass dir auch bei diesem Schritt von einem Erwachsenen helfen. Mit der Heißklebepistole werden nun die Korken auf den Bilderrahmen geklebt.

5. Ist deine Pinnwand getrocknet, kannst du sie aufhängen oder aufstellen und Fotos, Postkarten und Notizzettel daran pinnen.

Und was ist Recycling?

Recycling ist ein englisches Wort, man spricht es „Risseikling" aus. Es bedeutet, dass man Dinge nicht wegwirft, sondern aus dem Material etwas anderes macht. Glasscherben aus dem Glascontainer oder Metalle, wie z. B. Aluminium-Getränkedosen, werden eingeschmolzen und danach zu anderen Gegenständen aus Metall oder Glas verarbeitet. Recycling hilft dabei, weniger Müll zu machen und Rohstoffe nicht zu verschwenden.

Bestimmt hast du schon einmal recyceltes Papier gesehen oder auch Getränkeflaschen, die man wieder im Geschäft abgeben kann, damit sie gereinigt, neu befüllt und wieder verkauft werden können.

1-Woche-Kritzel-Challenge:
Ab nach draußen

Gehe jeden Tag raus in die Natur und kritzle etwas, was dir besonders aufgefallen ist. Das kann ein hübscher Schmetterling sein, ein besonders geformter Stein, ein buntes Blatt oder ein lustig aussehender Käfer.

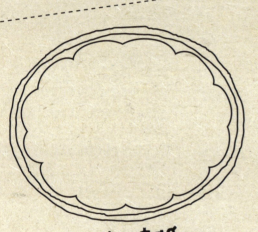

Montag

Dienstag

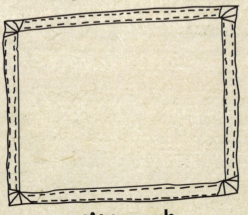

Mittwoch

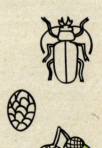

Gute Vorsätze

Schon mit kleinen Dingen kannst du die Welt jeden Tag ein kleines bisschen besser machen! Hier ist Platz für alles, was du dir in nächster Zeit vornehmen möchtest.

Meine Vorsätze für morgen: ....

....

Meine Vorsätze für nächste Woche:

....

....

....

weniger fernsehen

mehr lesen

Meine Vorsätze für nächsten Monat:

....

....

....

Das möchte ich dieses Jahr schaffen:

mehr helfen

----

weniger flunkern

Das gönne ich mir als Belohnung, wenn
ich meine Vorsätze eingehalten habe:

Bist du ein Regenwald-Profi ?

Kreuze die richtige Antwort an und finde es heraus.

1. Wie ist das Wetter im Regenwald?

a) Es ist das ganze Jahr über trocken und warm

b) Im Sommer heiß, im Winter kalt

c) Das ganze Jahr über feucht und heiß

2. Was passiert, wenn der Regenwald abgeholzt wird?

a) Es wird kälter auf der Erde.

b) Es wird wärmer auf der Erde.

c) Nichts, der Regenwald wächst wieder nach.

3. In welchem Regenwaldgebiet leben Orang-Utans?

a) Im südamerikanischen Amazonasgebiet

b) Im südostasiatischen Regenwald

c) Im afrikanischen Dschungel

4. In vielen Supermarktprodukten ist Palmöl. Warum ist das schlimm für den Regenwald?

a) Viele Regenwald-Insekten ernähren sich von dem Öl. Für sie bleibt weniger zu Futtern.

b) Große Flächen Regenwald werden abgeholzt, um Ölpalmen anzubauen.

c) Tausende Pfirsichpalmen müssen für die Ölherstellung gefällt werden.

Baumriesen

Die Bäume im Regenwald können gigantisch groß werden, bis zu 70 Meter! Das ist so hoch, als würdest du den 10-Meter-Turm im Freibad 7-mal übereinanderstapeln. Die Bäume brauchen knapp 50 Jahre, um so groß zu werden.

5. Welches Tier kannst du tatsächlich im Regenwald entdecken?

a) Elefant ☐
b) Zebra ☐
c) Wal ☐

6. Wie kannst du dem Regenwald helfen?

a) Indem du deine Eltern bittest, Fertigprodukte und günstiges Fleisch im Supermarkt zu kaufen. ☐
b) Indem du Recyclingpapier benutzt. ☐
c) Indem du möglichst lange beim Zähneputzen das Wasser laufen lässt. ☐

7. Welche Pflanze wächst nicht im Regenwald?

a) Eiche ☐
b) Farn ☐
c) Pilze ☐

Über die Hälfte aller Tier- und Pflanzenarten unserer Erde leben im Regenwald. Deshalb, und weil er jede Menge schädliches CO_2 aus der Luft „schluckt", ist der Regenwald für uns so wichtig.

1c, 2b, 3b, 4b, 5a, 6b, 7a

Umwerfende Umweltschützerinnen und hilfsbereite Helden

- für unsere Umwelt
- für den Tierschutz
- für andere Menschen

Malala Yousafzai (1997)

Malala begann schon mit 11 Jahren, sich für die Rechte der Mädchen in ihrer Heimat Pakistan einzusetzen. Den Mädchen in ihrem Land war verboten worden, zur Schule zu gehen – Malala ging trotzdem und erzählte in einem Internettagebuch über ihre Erlebnisse. 2014 erhielt sie den Friedensnobelpreis. Sie ist die jüngste Preisträgerin aller Zeiten.

Greta Thunberg (2003)

Mit ihrem Schulstreik fürs Klima, fordert die schwedische Schülerin Greta Thunberg seit 2018 einen besseren Schutz für unser Klima von Politikern. Ihr Streik ist mittlerweile zur weltweiten Bewegung „Fridays for Future" geworden – in fast allen Ländern streiken Schüler für den Klimaschutz und Greta ist inzwischen eine bekannte Klimaaktivistin.

Jane Goodall (1934)

Die Biologin Jane Goodall erforschte viele Jahre das Verhalten von Schimpansen in Tansania, Afrika. Die Wissenschaftlerin setzt sich für den Schutz der Affen und den Erhalt ihrer Lebensräume ein.

Martin Luther King (1929–1968)

Der amerikanische Pastor setzte sich für die Bürgerrechte der Afroamerikaner in den USA ein und kämpfte dafür, dass sie die gleichen Rechte bekamen wie die weißen Bürger. 1964 bekam er dafür den Friedensnobelpreis.

Wangari Maathai (1940–2011)

Die afrikanische Politikerin und Wissenschaftlerin kämpfte gegen die Abholzung von Wäldern und gründete eine Bewegung, die neue Bäume pflanzte. In fast 50 verschiedenen Ländern pflanzten sie und ihre Helfer über eine Milliarde neuer Bäume.

Wasser-Labyrinth

Na klar, zum Haare waschen, Zähne putzen und Kochen brauchen wir Wasser. Aber wusstest du, dass für die Herstellung von nur 15 Blättern Papier 150 Liter Wasser benötigt werden? Das ist ungefähr so viel wie in eine ganze Badewanne passt.

Fahre die Linien nach und finde heraus, für welches Lebensmittel am meisten Wasser benötigt wird.

5.400 Liter

110 Liter

1 Kilo

1000 Liter

120 Liter

Konntest du herausfinden, welches Produkt für die Herstellung am meisten Wasser benötigt?

Wasser marsch

Wie oft hast du heute Wasser benutzt? Mache eine Strichliste:

Wofür hast du heute Wasser verbraucht?

Wassersparfuchs

- Duschen statt baden
- Wasser aus beim Hände einseifen
- Zahnputzbecher benutzen
- Spartaste beim Toilette spülen drücken

Hättest du heute Wasser sparen können?

Kritzel-Challenge: HAPPY DAY

Manchmal hilft es, wenn du Dinge, die dich traurig oder wütend machen, aufschreibst. Probiere es doch einmal aus: Schreibe alles, was nervt, in die Formen unten. Danach kannst du daraus lustige Tiere, Männchen, Gesichter, Blumen – oder was auch immer dir einfällt – zeichnen.

Natur-Kunstwerk !

Hast du schon einmal von Naturkunst gehört? Du kannst dazu alles nehmen, was du draußen findest: Blüten, Blätter, Federn, Baumrinde, Gräser ... und das Kunstwerk dann direkt in die Natur legen, z. B. auf einen Baumstumpf oder an den Wegrand.

Da du dein Kunstwerk leider nicht mitnehmen kannst, mach doch einfach ein Foto davon und klebe es hier ein.

Welche Blume bin ich?

1. Welches Wetter magst du am liebsten?

A) Warmes Wetter mit viel Sonne ☐

B) Kaltes Wetter und Schnee ☐

C) Weder zu heiß noch zu kalt ☒

2. Was machst du am liebsten?

B) Kreativ sein, z. B. basteln und zeichnen ☐

C) In der Natur unterwegs sein ☒

A) Freunde treffen ☐

3. Welche Farben magst du am liebsten?

B) Dunkle Farben ☒

A) Leuchtende Knallfarben ☐

C) Egal, hauptsache bunt ☐

4. Welche dieser Eissorten magst du am liebsten?

C) Ich bin nicht wählerisch. Ich mag fast alle Eissorten.

B) Vanille

A) Mango ✗

AUFLÖSUNG:

Welcher Buchstabe stand am häufigsten bei deinen Antworten?

A: Du bist fröhlich wie eine **Sonnenblume** und sorgst überall für gute Laune.

B: Du bist eine verträumte **Rose**. Du hast viel Fantasie und tolle Ideen.

C: Du bist ein unkompliziertes **Gänseblümchen** und traust dich, offen deine Meinung zu sagen.

Ausgestorben

Hast du schon einmal von Tieren wie dem Dodo, dem Beutelwolf oder dem Auerochsen gehört? Diese Tiere hat es wirklich einmal gegeben, leider haben Menschen Jagd auf sie gemacht, bis sie ausgestorben waren. Oder, im Fall der Dodos, ihren Lebensraum zerstört und fremde Tiere eingeschleppt, die den Dodo gejagt haben.

Beutelwolf,
1936 ausgestorben

Auerochse,
1627 ausgestorben

Dodo,
1690 ausgestorben

Was ist Artenvielfalt?

Im Regenwald und in den Ozeanen ist die Artenvielfalt besonders hoch. Das bedeutet, dass dort besonders viele verschiedene Tierarten und Pflanzen vorkommen.

Sobald Menschen an einem Ort wohnen, nimmt die Artenvielfalt leider meistens ab. Wenn ein Bauer sein Feld düngt, können manche Arten dort nicht mehr leben. Auch die Umweltverschmutzung trägt, z. B. durch dreckiges Wasser in Flüssen oder giftige Pflanzenschutzmittel, zum Sterben mancher Arten bei.

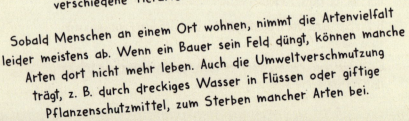

Das seltsamste ausgestorbene Tier,

dessen Überreste Forscher jemals entdeckt haben, lebte in Südamerika, hatte Beine mit drei Zehen, einen langen Hals, wie eine Giraffe, und einen kurzen Rüssel, ähnlich wie ein Elefant. Es hieß Macrauchenia – aber wer kann das schon aussprechen?!

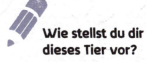

Wie stellst du dir dieses Tier vor?

Und wie hättest du es genannt?

Was für ulkige Tiere könnten früher noch gelebt haben?

Wie könnten sie heißen?

Hilfe ist schön!

Nicht alles kannst du allein schaffen. Wen hättest du in folgenden Situationen gern dabei?

Eine Fahrradtour mache ich mit
....
....
....
....

Meine Geheimnisse verrate ich nur
....
....
....

Schwierige Hausaufgaben mache ich mit
....
....
....

Wenn ich traurig bin, brauche ich
....
....
....

Wenn ich krank bin, freue ich mich über einen Besuch von
....
....
....

Mit dieser Person bin ich mutiger als allein

_____

_____

_____

Ein Insektenhotel
bastle ich mit

_____

_____

Am liebsten bin ich draußen mit

_____

_____

_____

Langweilige Aufgaben sind
lustiger mit

_____

_____

_____

Wer könnte sich über deine Hilfe freuen?
Wobei könntest du helfen?

_____

_____

_____

_____

_____

_____

_____

Frag doch mal deine Freunde
und Familie, wobei sie gern
deine Hilfe hätten!

_____

_____

_____

_____

Hast du das Zeug zur Umweltministerin oder zum Umweltminister?

Beantworte die Fragen und finde heraus, wie gut du dich mit Natur und Umwelt auskennst!

1. Verschmutztes Trinkwasser ist ...

A) ... kein Problem, man kann ja andere Getränke trinken.

B) ... nicht so schlimm. Es kann in der Kläranlage gereinigt werden.

C) ... schlimm, da es die Hauptursache für Krankheiten in ärmeren Ländern ist.

2. Was bedeutet Energiesparen?

A) Möglichst wenig Kalorien zu sich zu nehmen

C) Möglichst wenig Strom, Erdöl und Gas zu verbrauchen.

B) Sich möglichst wenig zu bewegen.

3. Eine saubere Umwelt ist wichtig, damit ...

C) ... Tiere und Menschen gesund leben können.

A) ... wir eine schöne Natur haben. Müllberge sind so hässlich.

B) ... Tiere genug zu fressen finden.

4. Welcher dieser Getränkebehälter ist am umweltfreundlichsten?

A) Getränkedose

C) Mehrwegflasche

B) Pfandflasche

5. Von welcher Tierart gibt es nur noch so wenige Tiere auf unserer Erde, dass sie vom Aussterben bedroht ist?

A) Taube ☐

B) Hund ☐

C) Giraffe ☐

6. Wie nennt man den Anstieg der weltweiten Durchschnittstemperatur unserer Erde?

A) Klimaschock ☐

C) Klimawandel ☐

B) Klimagipfel ☐

7. Was können wir tun, um unser Klima zu schützen?

C) Weniger häufig mit dem Auto fahren ☐

A) Längere Ferien und mehr Urlaub für alle. So würden alle länger schlafen und weniger Energie verbrauchen. ☐

B) Am besten nur noch in den Urlaub fliegen und nicht mehr mit dem Auto fahren. ☐

AUFLÖSUNG:

Welcher Buchstabe stand am häufigsten bei deinen Antworten?

A: Du kennst dich noch nicht so gut mit Natur und Umwelt aus, aber das macht nichts, das kannst du alles lernen. Bis dahin bist du ein fantastischer **Umweltminister-Praktikant**.

B: Du weißt schon einiges über Natur- und Umweltschutz. Du bist ein super **Umweltminister-Assistent**.

C: Du weißt alles über Natur- und Umweltschutz und kennst dich super aus. Du bist ein phänomenaler **Umweltminister**.

Ameisenperspektive !

Was meinst du, wie sieht die Welt aus Sicht einer Ameise aus? Schnapp dir deine beste Freundin und finde es heraus.

Welche Tiere sind am Boden unterwegs? Kreise ein, wen du entdecken konntest.

Sucht euch ein ruhiges Fleckchen in Wald, Park oder Wiese und legt euch ganz flach auf den Bauch auf den Boden. Verhaltet euch ganz still, schaut euch um und beobachtet alles ganz genau. Um möglichst viel zu entdecken, könnt ihr nach einer Weile immer ein Stückchen weiterrobben.

Welche Geräusche konntest du hören?

Bienensummen, raschelndes Gras _____

_____

_____

Welche Tiere hast du noch entdeckt? Wenn du nicht weißt, wie sie heißen, kannst du sie aufmalen.

Was konntest du riechen? (z. B. frisch gemähtes Gras)

Wie hat sich der Boden angefühlt? Kreuze an:

☐ warm ☐ kalt ☐ rau ☐ stachelig

☐ weich ☐ sandig ☐ _____

Und was war das Coolste, was du beobachten konntest?

Stell dir vor, du hättest eine einmalig-geniale Müllbeseitigungsmaschine erfunden!
Wie würde die Schlagzeile in der Zeitung lauten?
Was für ein Artikel würde darüber geschrieben werden?
Und wie sieht deine Maschine aus?

Wie war dein Tag ?

Male die Kästchen an, je nachdem,
wie dein Tag war:

grün = Heute habe ich etwas Gutes für die Umwelt gemacht.
gelb = Heute habe ich etwas Nettes für jemanden gemacht.
blau = Heute war ein normaler Tag.
rot = Heute ist etwas ganz Wichtiges/Tolles passiert.
lila = Heute habe ich mich geärgert oder war traurig.
orange = Heute habe ich etwas Neues ausprobiert /
etwas Spannendes gelernt.

1.

2.

3.

4.

5.

6.

7.

8.

9.

10.

11.

12.

13.

14.

15.

16.

17.

☐

18.

☐

19.

☐

20.

☐

21.

☐

22.

☐

23.

☐

24.

☐

25.

☐

26.

☐

27.

☐

28.

☐

29.

☐

30.

☐

31.

☐

Das war diesen Monat
am Schönsten:

• ------------------------

• ------------------------

Das war diesen Monat
nicht schön:

Das möchte ich nächsten
Monat ändern:

Das möchte ich nächsten
Monat wieder machen:

Bye-bye PLASTIK!

Wenn du dich einmal in eurem Badezimmer umschaust, kannst du bestimmt feststellen, dass dort so einiges in Plastik verpackt ist: Shampoo, Duschgel, Zahnpasta, Cremes und Seife. Mit diesen einfachen Ideen kannst du im Nu für etwas weniger Plastikmüll in eurem Bad sorgen. Probiere es gleich aus!

Selbst gemachte Zahnpasta

So geht's:

1. Gib das Kokosöl in einen kleinen Topf und erwärme es ganz kurz. Nicht kochen!

1. Warm lässt sich das Öl besser mit den anderen Zutaten vermischen. Vielleicht hilft dir ja auch ein Erwachsener.

2. Gib nun Natron und Birkenzucker dazu und rühre alles um.

3. Für einen frischen Geschmack gibst du 1-2 Tropfen Pfefferminzöl hinzu und rührst wieder um. Wenn du es noch frischer magst, kannst du mehr Minzöl dazu tropfen.

Das brauchst du:
- 2 EL Kokosöl
- 1 EL Natron
- 1 EL Birkenzucker (Xylit)
- Ein paar Tropfen Pfefferminzöl
- Ein Glas mit Deckel (z. B. ein leeres Marmeladenglas)

4. Zum Schluss füllst du die Zahnpasta in ein Glas, Deckel drauf und fertig.

Selbst gemachte Seife

So geht's:

1. Zuerst hobelst du die Seife mit einer Küchenreibe in feine Späne in eine Schüssel.

2. Nun tropfst du ein wenig Wasser und Farbe zu den Seifenspänen und knetest alles mit den Händen gut durch. Es soll ein formbarer Klumpen entstehen. Wenn er noch zu bröselig ist, muss etwas mehr Wasser dazu.

3. Willst du eine Duftseife, kannst du auch noch wenige Tropfen Duftöl dazugeben und einkneten.

4. Die weiche Seifenmasse knetest du nun in aussortierte Plätzchenausstecher. Du kannst auch Eiswürfelbehälter oder Silikonbackförmchen nehmen. Oder du rollst mit den Händen einfach eine Kugel.

5. Nun lässt du die Förmchen mit der Seifenmasse über Nacht stehen, damit die Seife hart wird.

6

Am nächsten Tag kannst du deine Seifenstücke vorsichtig aus den Formen lösen.

6. Bevor du die Seife benutzen kannst, muss sie noch mindestens eine Woche trocknen, um richtig auszuhärten.

Das brauchst du:

- 1 Stück Kernseife
- Küchenreibe
- Schüssel
- Ein klein wenig Wasser; am besten in einer Sprühflasche
- Seifenfarbe oder Lebensmittelfarbe in Bioqualität
- Evtl. Parfumöl (wenn du eine Duftseife möchtest)
- Plätzchenausstecher (am besten alte, die ihr nicht mehr zum Backen benutzt)

So wirst du zum Umweltretter

Beim Einkaufen:

Streiche durch, was nicht gut für die Umwelt ist, weil dadurch z. B. viel Müll produziert wird. Kreise ein, womit du der Umwelt hilfst, indem du z. B. Plastikmüll vermeidest. Du kannst auch weitere Dinge dazu zeichnen oder schreiben.

Im Bad:

• Hier kannst du ordentlich sparen, indem du das Wasser nicht unnötig lang laufen lässt. Du könntest z. B. einen Zahnputzbecher benutzen.

• --

• --

In der Küche:

Streiche durch, welche Verhaltensweisen oder Geräte in der Küche Energie verschwenden.

Unterwegs:

Welche Fortbewegungsmittel sind wenig schädlich für die Umwelt? Zeichne dazu, was dir sonst noch einfällt.

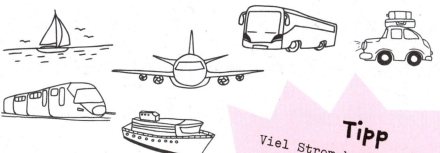

Tipp

Viel Strom kannst du sparen, wenn du das Ladekabel eures Handys oder Tablets nach dem Aufladen wieder aus der Steckdose ziehst. Denn auch, wenn kein Handy mehr am Ladekabel hängt, verbraucht es weiter Strom, solange es in der Steckdose steckt.

Lieblingsbäume

Welche Bäume kannst du draußen entdecken? Weißt du, wie sie heißen? Hier kannst du deine gesammelten Baumschätze einkleben und deine eigene Baum-Galerie erstellen.

Mein gezacktestes Blatt:

Mein kleinstes Blatt:

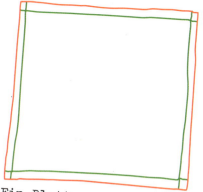
Ein Blatt von einer Reise

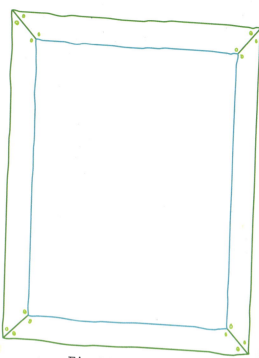
Ein Eichenblatt

Ohne Bäume geht nichts

Bäume sind wichtig für uns, da sie helfen, unsere Luft sauber zu machen. Sie nehmen schädliches Kohlenstoffdioxid aus der Luft auf und stellen Sauerstoff her, den wir Menschen unbedingt zum Atmen brauchen.

Mein buntestes Blatt

Bedrohte Meere

Durch zu viel Fischfang, Schiffsverkehr und vor allem durch Plastikmüll bringt der Mensch die Ozeane und ihre Bewohner in Gefahr. Hunderttausende von Tierarten leben im Wasser und es werden immer noch neue Arten entdeckt.

Für einen der bekanntesten Meeresbewohner findest du hier eine einfache Schritt-für-Schritt-Anleitung zum Zeichnen.

Schnapp dir deine Stifte und los geht's!

Über 70 Hai- arten sind vom Aussterben bedroht.

ENERGIE!

Egal, ob Fön, Toaster, Fernseher oder Kühlschrank – alles benötigt Strom, um zu funktionieren. Strom ist elektrische Energie, die bei uns zu Hause aus der Steckdose kommt.

Schlaue Menschen haben sich Wege überlegt, wie wir Strom herstellen können, ohne unsere Umwelt zu belasten, z. B. mit einer Windkraftanlage. Mit dieser Anleitung kannst du ein Windrad in klein nachbasteln und ausprobieren, wie viel Kraft der Wind hat.

So geht's:

1. Falte dein Papierquadrat diagonal und öffne es wieder.

2. Falte dann auch die andere Diagonale und öffne das Papier wieder.

3. Schneide nun von den Ecken aus entlang bis zur Mitte der Diagonalen.

Das brauchst du:

- 1 quadratisches Stück stabiles Papier (16 x 16 cm)
- Schere und Klebstoff
- 1 Reißzwecke
- 1 dünnen geraden Stock

4. Wenn du alle Diagonalen eingeschnitten hast, klebst du jede zweite Spitze am geknickten Mittelpunkt deines Papierquadrats fest.

Was sind erneuerbare Energien?

So nennt man elektrische Energie, die in einem Wind-, Wasser- oder Solarkraftwerk erzeugt wurde. Mit erneuerbar ist gemeint, dass Wind, Wasser und Sonne immer da sind und nicht aufgebraucht werden können, wie z. B. Kohle in einem Kohlekraftwerk.

5. Zum Schluss pinnst du dein Windrad mit einer Reißzwecke an den Stock. Fertig und ab geht's nach draußen zur nächsten Windböe.

Fertig!

Was hat Energie mit dem Klimawandel zu tun?

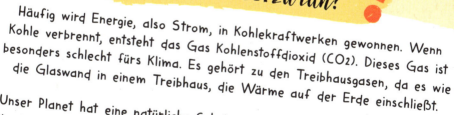

Häufig wird Energie, also Strom, in Kohlekraftwerken gewonnen. Wenn Kohle verbrennt, entsteht das Gas Kohlenstoffdioxid (CO_2). Dieses Gas ist besonders schlecht fürs Klima. Es gehört zu den Treibhausgasen, da es wie die Glaswand in einem Treibhaus, die Wärme auf der Erde einschließt.

Unser Planet hat eine natürliche Schutzschicht aus Gasen, die Atmosphäre, in der von Natur aus CO_2 enthalten ist. Das CO_2 in der Atmosphäre sorgt dafür, dass nicht zu viel Wärme ins All entweicht, denn sonst wäre es bitterkalt auf der Erde.

Wenn nun aber immer mehr CO_2 dazukommt, wird die Schutzschicht immer undurchlässiger und es kann nicht mehr genug Wärme ins All entweichen. Dadurch wird es dann wärmer auf der Erde.

Lebensraum Baum

Ein Baum ist wie ein Mehrfamilienhaus: Von den Wurzeln bis zur Krone bietet er Unterschlupf für viele verschiedene Tiere.

Weißt du, welches Tier wo im Baum wohnt? Male die Tiere in den Baum, die Umrisse helfen dir dabei.

Bäume können sich über Duftstoffe, die der Wind von Baum zu Baum trägt, unterhalten. Außerdem verständigen sie sich über ihre Wurzeln und ein Netzwerk aus Pilzfäden im Waldboden miteinander. Wird z. B. ein Baum von einer Raupe angeknabbert, stellt er Abwehrstoffe her, damit er der Raupe nicht mehr schmeckt. Gleichzeitig schickt er Duftstoffe an andere Bäume oder sendet Signale über das Wurzel-Pilz-Netzwerk, um sie zu warnen, damit sie ebenfalls Raupen-Abwehrstoffe produzieren.

Tipp

Im Baum haben sich folgende Tiere versteckt: Eichhörnchen, Eule, Dachs, Fledermaus, Specht, Marder, Spinnen, Regenwurm, Schmetterling, Amsel, Meise, Haselmaus, Käfer.

Wahr oder falsch?

Wie gut kennst du dich in Natur und Umwelt aus? Nicht alle Aussagen auf dieser Seite stimmen. Findest du heraus, welche wahr und welche falsch sind?

Kreuze an.

WAHR   **FALSCH**

1. Vor etwas mehr als 80 Jahren lebte ein Tier namens Beutelwolf in Australien. Da die Farmer Angst um ihre Schafherden hatten, machten sie Jagd auf das Raubtier. Seit 1936 ist der Beutelwolf ausgestorben.

☐   ☐

6. 1000 arme Afrikaner produzieren in ihrem Leben so viel Kohlenstoffdioxid wie nur ein reicher Amerikaner.

☐   ☐

3. In Japan gibt es eine Hummelart, die sich aufs Tauchen spezialisiert hat. Dank ihres pummeligen Körpers, den sie vor dem Tauchgang mit Luft füllt, kann die Hummel mit dem Kopf unter Wasser tauchen, während ihr luftgefüllter Körper, wie ein Schwimmball, auf dem Wasser treibt. So geht die Hummel nicht unter und kann aus dem Wasser nahrhafte Pflanzenteilchen aufnehmen.

☐   ☐

4. Honig kann nicht schlecht werden. Auch Jahrtausende alten Honig kannst du noch essen. Ein Grund mehr, die Bienen zu schützen.

☐   ☐

                                                                    WAHR   FALSCH

5. Wölfe können nicht bellen. Sie verständigen sich ausschließlich durch Heulen, Knurren und ihre Körpersprache.   ☐   ☐

6. Weltweit werden pro Minute fast 1 Million Plastikflaschen verkauft.   ☐   ☐

7. Der Rubinbartfisch lebt in den flachen Küstengewässern des Atlantischen Ozeans. Die Weibchen legen ihre Eier in von den Männchen angefertigten Mulden am Meeresgrund ab. Um die Weibchen anzulocken, sammeln die Fischmännchen besonders bunte Plastikteilchen oder blinkendes Alu aus dem Wasser und dekorieren damit die Laichmulde.   ☐   ☐

8. Der vom Aussterben bedrohte Tiger ist ein ganz besonderes Tier. Er hat nicht nur gestreiftes Fell, sondern sogar eine gestreifte Haut.   ☐   ☐

9. Ameisen sind die fleißigsten Tiere der Erde. Sie schlafen nie.   ☐   ☐

10. Fische können nicht ertrinken.   ☐   ☐

Wahr sind die Aussagen: 1, 2, 4, 6, 8, 9.
Falsch sind die Aussagen: 3, 5, 7, 10.

Kritzel-Challenge: Perfekte Welt

Wie sähe eine perfekte Welt für dich aus? Werde kreativ und zeichne, wie du dir die Welt wünschen würdest.

Was dürfte in deiner perfekten Welt auf keinen Fall fehlen?

Was dürfte es in deiner perfekten Welt nicht geben?

Welche Tiere gäbe es in deiner perfekten Welt?

Wie leben die Menschen?

Welche Geschäfte müsste es geben?

Wie würden die Menschen sich fortbewegen?

Was wäre dir noch wichtig?

Pflanze eine EICHE!

Möchtest du helfen, unsere Wälder zu erhalten? Mit ein paar gesammelten Eicheln kannst du ganz leicht eine Eiche pflanzen.

So geht's:

1. Sammle im Herbst ein paar Eicheln, entferne die Kappen und lege sie über Nacht in Wasser ein.

2. Am nächsten Morgen setzt du die Eicheln in einen Blumentopf mit frischer Erde. Es reicht, wenn du die Eicheln gut andrückst, du musst sie nicht eingraben. Gut gießen. Den Topf stellst du dann an einen warmen, dunklen Ort.

3. Schaue jeden Tag nach deinen Eichenpflänzchen. Die Erde sollte immer feucht bleiben.

Das brauchst du:
- Ein paar Eicheln
- Blumentöpfe
- Frische Erde
- Geduld

4. Wenn sich die ersten grünen Triebe zeigen, setzt du jede Mini-Eiche in einen eigenen Topf mit Erde. Sonst wird es ihnen zu eng.

5. Die Töpfe mit den Mini-Eichen stellst du auf eine sonnige Fensterbank. Regelmäßiges Gießen nicht vergessen.

Auch Eichhörnchen helfen beim Eichen-Pflanzen. Im Herbst vergraben sie ihre Fressvorräte für den Winter, darunter auch viele Eicheln. Manchmal erinnern die Baumakrobaten sich aber nicht mehr, wo sie ihre Leckerbissen verbuddelt haben. Und so keimen im Frühjahr kleine Eichen aus vergessenen Verstecken.

6. Nach einiger Zeit werden die Eichen zu groß für die Töpfe. Nun können sie hinaus in die Natur. Frag doch mal beim Förster, ob er dir ein geeignetes Plätzchen im Wald zeigen kann, denn Eichen werden riesig und brauchen jede Menge Platz.

5 gute Gründe für mehr Wald:

1. Der Wald ist ein Lebensraum für zahlreiche Tiere und Pflanzen.
2. Wälder verbessern das Klima. Sie filtern Schadstoffe aus der Luft und produzieren Sauerstoff, den wir zum Atmen brauchen. Vor allem nehmen sie schädliches CO_2 aus der Luft auf.
3. Wälder speichern Wasser. So schützen sie uns vor Hochwasser. Außerdem wird das Regenwasser im Waldboden gefiltert, so bekommen wir sauberes Wasser.
4. Die Wurzeln der Bäume halten den Erdboden fest. Sie schützen uns vor Lawinen und davor, dass bei starkem Regen der Erdboden fortgespült wird.
5. Wälder schützen unsere Siedlungen und Städte vor Lärm.

Welcher Klimatyp bist du?

Wüste, Regenwald, Nordpol oder doch lieber Europa? Umkreise die Symbole der Aussagen, die auf dich zutreffen und finde heraus, welches Klima zu dir passt.

 Auch im Winter ist mir selten kalt.

 Schwüles Wetter macht mir nichts aus.

 Meine liebste Jahreszeit ist der Frühling.

 Regen finde ich super.

 Ich mag Hunde.

 Schlitten fahren, Schneemann bauen, Schlittschuhlaufen – finde ich alles toll.

 Ich esse am liebsten exotische Früchte wie Ananas oder Bananen.

 Ich liebe die bunten Blätter im Herbst.

 Ich liebe es, barfuß am Strand durch den Sand zu laufen.

 Ich hätte gern ein flauschiges Robbenbaby zum Kuscheln.

 Ich freue mich schon im Winter auf den nächsten Sommer.

 Ich kann gut klettern.

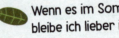 Wenn es im Sommer heiß ist, bleibe ich lieber im kühlen Haus.

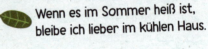 Ich würde gern einmal in einem Iglu übernachten.

 Ich finde Kakteen cool.

 Ich habe keine Angst vor großen Spinnen.

 Ich würde nie im Leben eine Schlange streicheln.

 Ich mag weite Landschaften, in denen keine Berge die Sicht versperren.

 Ein Chamäleon als Haustier wäre lustig.

 Ich würde gern einmal mit einem Husky-Hunde-Schlitten fahren.

 Ich gehe gern im Wald spazieren.

 Wenn ich unterwegs bin, habe ich immer etwas zu trinken dabei.

 Ich spiele am liebsten im Haus.

 Ich mag keine Großstädte.

 Mir kann es im Sommer gar nicht heiß genug sein.

 Ich mag bunte Blumenwiesen.

Polarzone
Subpolare Zone
Gemäßigte Zone
Subtropen
Tropen

Was ist Klima?

Klima meint, dass es in bestimmten Gebieten auf unserer Erde normalerweise kalt oder warm ist, feucht oder trocken. In der Wüste ist es zum Beispiel heiß und trocken, im Regenwald heiß und feucht, an den Polen kalt und in Europa mittelwarm und mittelkalt – das nennt man dann gemäßigt.

AUFLÖSUNG:

Welches Symbol stand am häufigsten vor den Aussagen, die du angekreuzt hast? Wenn du von zwei Symbolen gleich viele hast, lies dir durch, was bei beiden steht.

🐟 Dir macht Kälte im Winter nichts aus, und du liebst es, im Schnee zu spielen oder mit deinen Schlittschuhen übers Eis zu gleiten. Du würdest dich am Nord- oder Südpol pudelwohl fühlen.

❀ Du liebst Abenteuer und magst es, neue Dinge auszuprobieren. Die Tropen mit ihrer abwechslungsreichen Tier- und Pflanzenwelt sind dein perfektes Zuhause.

🍃 Im Sommer sollte es besser nicht zu heiß sein und im Winter nicht zu kalt, dann fühlst du dich am wohlsten. Du bist gern in der Natur unterwegs, möchtest dort aber keine wilden Tiere oder giftige Insekten treffen. Dein Zuhause ist in der Gemäßigten Zone. So nennt man die Klimazone, in der sich unter anderem Europa befindet.

🌵 Hitze macht dir nicht viel aus, dir kann es im Sommer gar nicht warm genug sein. Mutig bist du auch. Du würdest auch in der Wüste zurechtkommen.

Erste Hilfe !

Wenn sich einer deiner Freunde oder jemand aus deiner Familie verletzt hat, möchtest du sicher sofort helfen. Aber wie hilft man richtig?

So kannst du helfen:

1. Rede mit dem Verletzten, so kannst du herausfinden, wo es ihm wehtut und wie schlimm es ist. Wenn ein Erwachsener in der Nähe ist, kann er dir sicher helfen.

2. Braucht der Verletzte einen Arzt oder ist vielleicht sogar bewusstlos, rufst du unter der **Notrufnummer 112** einen Krankenwagen. Bleib ruhig am Telefon und beantworte die W-Fragen:

Wo seid ihr?

Was ist passiert?

Wie viele Verletzte gibt es?

Welche Verletzungen siehst du?

Tipp

Ist im Notfall kein Telefon in der Nähe und du hast kein Handy bei dir, kannst du in ein Geschäft laufen, bei jemandem an der Tür klingeln oder jemanden auf der Straße ansprechen.

! Leg nicht auf, sondern warte auf Anweisungen, wie du helfen kannst, oder auf Rückfragen.

Stabile Seitenlage

Wenn ein Mensch bewusstlos ist, hilft ihm die stabile Seitenlage. Auf dem Rücken liegend könnte er an seiner Zunge ersticken, da bei Bewusstlosen die Muskeln ganz schlaff werden.

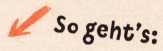 **So geht's:**

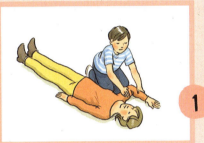

1. Winkle einen Arm an, die Handfläche zeigt dabei nach oben.

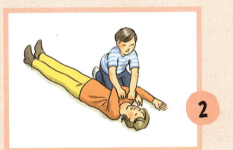

2. Den anderen Arm vor der Brust kreuzen. Die Handoberfläche liegt an der Wange.

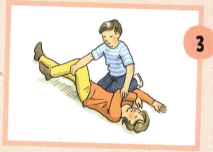

3. Ein Bein anwinkeln, so kannst du die Person auf die Seite ziehen.

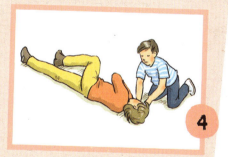

4. Überprüfe nun, ob die Person noch gut atmen kann. Dazu das Kinn etwas nach oben schieben und den Mund leicht öffnen.

Tipp

Übe die stabile Seitenlage mit einem Freund. So fühlst du dich im Ernstfall sicherer.

Erste Hilfe fürs Klima!

Wenn du etwas richtig Gutes fürs Klima machen möchtest, könntest du weniger Fleisch essen. Wie wäre es mit einem fleischfreien Tag die Woche? Probiere es aus! Hier hast du Platz, um von deinem Tag ohne Fleisch zu erzählen.

Was hast du statt Fleisch gegessen?

Worauf konntest du leicht verzichten?

Worauf ist es dir schwergefallen, zu verzichten?

Worauf könntest du öfter verzichten?

Besonders im Regenwald werden große Flächen gerodet, um sie in Weideland für Rinder umzuwandeln.

Wenn Kühe pupsen – und sie pupsen oft – dann ist das schlecht fürs Klima. Denn mit jedem Kuh-Pups steigt das Treibhausgas Methan in die Luft. So kann die Sonnenwärme dann schlechter zurück ins All, sie ist auf der Erde „gefangen" und es wird langsam immer wärmer.

VEGGIE-BURGER!

1. Zuerst schälst du die Kartoffeln und die Möhren. Die Zucchini-Schale kannst du mitessen. Es reicht, wenn du sie gründlich abwäschst und die Enden abschneidest.

2. Nun raspelst du das Gemüse mit einer Küchenreibe in feine Streifen.

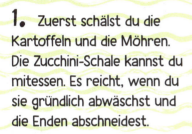

3. In einer großen Schüssel mischt du die Gemüseraspel mit Eiern, Mehl, Salz und Pfeffer.

4. Nun kannst du kleine Burger-Patties aus der Gemüsemasse formen und sie anschließend in einer großen Pfanne in etwas Olivenöl von beiden Seiten braten. Ein Erwachsener hilft dir sicher dabei.

5. Die Veggie-Burger lassen sich wie echte Hamburger zwischen zwei Brötchenhälften geklemmt mit Salat, Tomaten, Gurken, Ketchup und Mayo genießen. Belege dir deinen Burger, wie du ihn am liebsten magst.

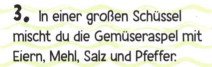

Das brauchst du:

(für 4 Burger):

- 5 mittelgroße Kartoffeln
- 3 normalgroße Möhren
- 1 normalgroße Zucchini
- 2 Eier
- 3 EL Mehl
- Salz und Pfeffer
- Etwas Olivenöl
- Küchenreibe

NATURMEDIZIN!

Gänseblümchen sind richtige Alleskönner: Sie helfen gegen Pickel, bei Erkältungen, kleinen Verletzungen und Insektenstichen. Mit nur wenigen Zutaten kannst du deine eigene Gänseblümchenmedizin herstellen – ganz ohne Verpackungsmüll und ohne dass für die Natur schädliche Arzneimittelrückstände entstehen.

Selbst gemachte Gänseblümchentinktur

So geht's:

1. Ab auf die Wiese zum Gänseblümchenpflücken.

2. Die Blümchen vorsichtig über einem Tuch oder einer Schüssel ausschütteln, um Insekten oder Fremdkörper zu entfernen. Falls sich Insekten zwischen den Blüten versteckt hatten, setzt du sie wieder raus auf die Wiese.

3. Nun zwickst du die Stiele direkt unter den Blütenköpfen ab.

Das brauchst du:

- 25 g Gänseblümchenblüten
- 1 Tuch oder Schüssel
- 25 g Natron
- 100 ml Wasser
- 1 Glas etwa 200 ml fassend, verschließbar (z. B. altes Marmeladenglas)

Tipp

Pflücke nur so viele Gänseblümchen, wie du für deine Medizin brauchst. Wenn du den Bienen etwas Gutes tun willst, kannst du einfach ein paar neue Wildblumen für sie säen.

4. Anschließend gibst du die Blüten zusammen mit dem Natron in das Glas und gießt es mit 100 ml Wasser auf. Gut umrühren.

5. Deckel drauf und eine Woche stehen lassen. Das Glas muss dabei jeden Tag geschüttelt werden, damit die Wirkstoffe sich besser aus den Blüten herauslösen.

6. Ist die Woche um, gießt du die Tinktur durch ein feinmaschiges Teesieb oder einen Kaffeefilter, um die Blüten herauszufiltern. Die gefilterte Flüssigkeit kannst du anschließend in eine saubere Tinktur- oder Sprühflasche füllen.

So wendest du deine Gänseblümchenmedizin an:

- Bei **Insektenstichen**, kleineren **Wunden** und **unreiner Haut** wird die Tinktur äußerlich aufgetupft oder mit einer Sprühflasche aufgesprüht.
- Bei **Halsschmerzen** verdünnst du einen Esslöffel deiner Tinktur mit zwei Esslöffeln Wasser und gurgelst damit, wie mit einem Mundwasser. Bei Bedarf kannst du das mehrmals wiederholen.

Deine Tinktur ist bei Zimmertemperatur bis zu 3 Monaten haltbar.

Foto-Challenge:
Lach doch mal!

Machst du gerne Quatsch und bringst andere zum Lachen? Dann ist diese Challenge genau das Richtige für dich. Fotografiere sechs lachende Gesichter von deinen Freunden oder deiner Familie und klebe die Bilder hier ein. Zum Schluss kannst du noch ein Selfie von dir machen. Oder du bittest jemanden, ein Foto von dir zu machen, und klebst es ebenfalls ein.

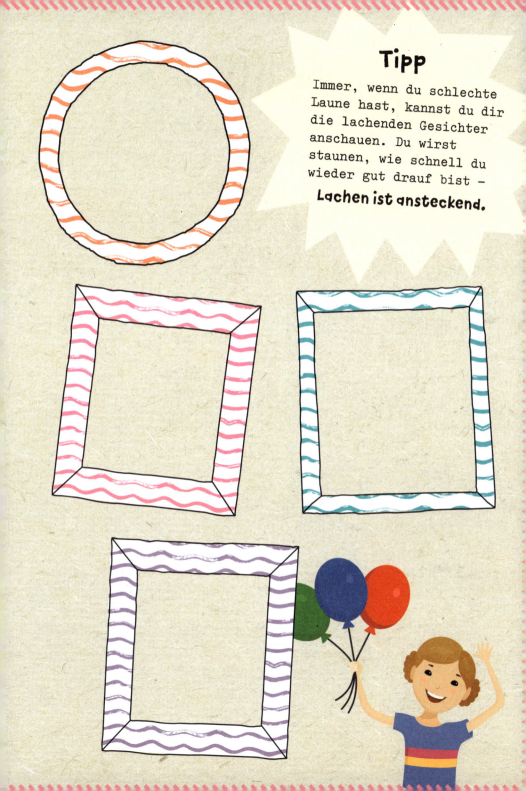

SCHÜTZT DIE ... !

Wenn du selbst eine Umweltorganisation gründen würdest, wofür würde diese sich besonders einsetzen, z. B. für weniger Plastik in den Meeren oder für mehr Blumenwiesen für Bienen und Hummeln?

Wie würde deine Umweltorganisation heißen?

Wen würdest du zuerst fragen, ob sie mitmachen?

> **Wie würde das Logo aussehen?**

> **Hat deine Organisation einen Slogan?**

> **Diese Organisation finde ich gut**

_ _

_ _

_ _

_ _

_ _

> **Hier bin ich schon Mitglied**

Robbe zeichnen

Beobachten kannst du Robben mit etwas Glück bei einem Urlaub an der Nord- oder Ostsee. Die Tiere halten sich gern auf Sandbänken an den Küsten auf. Mit einem Fernglas kannst du ihnen beim Sonnen zuschauen.

Vielleicht hast du ja auch Lust eine Robbe zu zeichnen? Das geht ganz leicht. Folge einfach der Schritt-für-Schritt-Anleitung:

Auch die Robben leiden unter den Veränderungen unserer Umwelt. Durch die Verschmutzung der Meere werden ihre Abwehrkräfte geschwächt und sie werden schneller krank. Den in Polargebieten lebenden Robben macht zusätzlich der Klimawandel zu schaffen, denn ihre Heimat schmilzt.

Aller guten Dinge sind drei

Hier ist Platz für alles, was dich heute fröhlich gemacht hat, dir gutgetan hat oder was du dir wünschst.

Diese drei ...

... Dinge müssten unbedingt erfunden werden, um die Welt besser zu machen:

1. ....
2. ....
3. ....

... Tiere habe ich heute gesehen:

1. ....
2. ....
3. ....

... Dinge habe ich heute draußen gemacht:

1. ....
2. ....
3. ....

... lustigen Dinge habe ich heute beobachtet:

➔ 1. --

➔ 2. --

➔ 3. --

... sportlichen Aktivitäten habe ich heute gemacht:

➔ 1. --

➔ 2. --

➔ 3. --

... gesunden Dinge habe ich heute gegessen:

➔ 1. --

➔ 2. --

➔ 3. --

Was hast du sonst noch gemacht?

Weniger Müll !

Viele Dinge, die wir täglich benutzen, lassen sich leicht durch Dinge ersetzen, die für die Umwelt weniger schädlich sind. Schau mal, was sich alles austauschen lässt:

Was lässt sich noch ersetzen? Hast du Ideen?

Was fällt dir noch ein, um Müll zu vermeiden?

Auf was fällt es dir schwer zu verzichten?

Tipp

Hast du Lust noch mehr für die Umwelt zu machen? Dann könntet ihr in der Schule eine Müll-Sammel-AG gründen. Oder du triffst dich einfach mal so mit deinen Freunden zum Müllsammeln. Ihr werdet schnell merken, wie viel Spaß es macht, zusammen draußen unterwegs zu sein.

Kritzel-Challenge:
WENIGER ABGASE

Viele Fortbewegungsmittel, wie Autos und Flugzeuge, stoßen sehr viel von dem Gas Kohlenstoffdioxid, auch CO_2 genannt, aus.

Zum Glück gibt es auch Fortbewegungsmittel, die gar keine Abgase verursachen. Welche kennst du?

Kritzle alle Fortbewegungsmittel, die dir einfallen, auf diese Seite.

Sei nett
zu dir selbst

Es gibt Tage, an denen läuft einfach alles schief. Steck nicht den Kopf in den Sand, sondern sei nett zu dir und denk daran, wie toll und einzigartig du bist!

- Das mag ich an mir: ------------------------------

- Das kann ich besonders gut: ---------------------

- Das sind meine besten Eigenschaften: ------------

- Ich bin stolz darauf, dass ich das geschafft habe: ------

- Wenn ich das mache, geht es mir besser: ---------

- Etwas Nettes, das jemand diese Woche zu mir gesagt hat: ------

----

Wusstest du, dass ...
... Unkraut total nützlich ist?

Unkraut hat zu Unrecht einen schlechten Ruf und wird meist einfach ausgerupft. Dabei sind Unkräuter für viele Insekten wichtige Futterpflanzen.

1

Welche Unkräuter wachsen in eurem Garten, im Park oder auf dem Schulhof? _____
_____

Welche Insekten tummeln sich dort? _____
_____

2

3

4

Brennnesselgarten

Für viele Schmetterlinge ist die Brennnessel (1) überlebenswichtig, da sie die Leibspeise ihrer Raupen ist. Vielleicht gibt es in eurem Garten eine Ecke, in der ihr euch sowieso kaum aufhaltet? Dort könntet ihr einen kleinen Brennnesselgarten anlegen. Tagpfauenauge (2), Kleiner Fuchs (3) und Landkärtchen (4) werden sich freuen!

Bist du ein Sonnenschein?

Kannst du andere mit deiner guten Laune anstecken? Kreuze an, welche Aussagen auf dich zutreffen, und finde es heraus.

- ☐ Ich kann andere gut zum Lachen bringen.
- ☐ Es fällt mir schwer zuzugeben, wenn ich einen Fehler gemacht habe.
- ☐ Ich kann andere gut trösten.
- ☐ Wenn ich schlechte Laune habe, stecke ich damit alle anderen an.
- ☐ Ich bin meistens gut drauf.
- ☐ Wenn etwas schiefgeht, ärgere ich mich immer total.
- ☐ Ich bin gern draußen.
- ☐ Mir ist oft langweilig.
- ☐ Ich helfe anderen gern.
- ☐ Ich habe viel Energie und bin gern unterwegs.
- ☐ Wenn ich mich mit jemandem gestritten habe, warte ich, bis der andere sich entschuldigt.
- ☐ Ich treffe mich gern mit meinen Freunden.
- ☐ Ich liebe Tiere.
- ☐ Ich bin unkompliziert.
- ☐ Ich gewinne gern beim Spielen.

- [ ] Ich liebe Abenteuer.
- [ ] Ich bin gern allein.
- [ ] Ich werde schnell wütend.
- [ ] Ich schlafe gern.
- [ ] Ich tanze gern.
- [ ] Ich löse gern Rätsel.
- [ ] Ich mache gern Quatsch.
- [ ] Wenn etwas nicht so läuft, wie ich will, werde ich bockig.
- [ ] Am liebsten sehe ich fern.
- [ ] Ich bin gern mit meiner Familie zusammen.
- [ ] Ich faulenze am liebsten.

AUFLÖSUNG:

Welche Farbe hast du am häufigsten angekreuzt? Vielleicht gibt es sogar einen Gleichstand? Dann lies das Ergebnis zu beiden Farben.

Du bist ein Temperamentsbündel und kannst manchmal aufbrausend sein. Zum Glück verfliegt deine schlechte Laune meist genauso schnell wieder, wie sie gekommen ist. Und mal ehrlich, wer kann schon immer gut drauf sein?

Du hast meistens gute Laune und bringst alle um dich herum zum Lachen. Du bist ein richtiger Sonnenschein.

Du bist meist sehr entspannt und ausgeglichen. Du bist gern mit deinen Freunden und deiner Familie zusammen, brauchst zwischendurch aber auch Zeit für dich.

In der Berghütte

Stell dir vor, du verbringst mit deiner Familie eine Woche in einer einsamen Hütte am Bergsee. Es gibt dort keinen Strom und kein fließendes Wasser – also keinen Fernseher, keine elektrischen Lampen, keinen Kühlschrank, keine Dusche, keine Toilette.

Foto-Challenge: Plastikalarm

Wie viel Plastik brauchst du an einem Tag? Versuche einmal alles Plastik, was du an einem Tag verwendest, zu sammeln. Du kannst es auf einem Haufen stapeln, ein Foto machen und das Bild hier einkleben. Na, überrascht?

Was ist Mikroplastik?

Es handelt sich um winzig kleine Plastikteilchen, die so mini sind, dass wir sie mit dem bloßen Auge nicht sehen können. Wenn Plastikmüll in der Umwelt sehr langsam verrottet, dann zersetzt das Plastik sich in solch winzige Teilchen. Durch Regen können diese Teilchen dann in Bäche, Flüsse und ins Meer gespült werden, wo Fische und Wasservögel sie schlucken. Manchmal ist Mikroplastik auch in unserer Kleidung, Zahnpasta oder Seife.

Was war heute alles aus Plastik?

Joghurtbecher, Bonbonpapier, Shampoo-Packung, Zahnpastatube — wir benutzen jeden Tag ganz schön viele Dinge, die in Plastik verpackt sind. Hier kannst du aufschreiben oder aufmalen, was heute alles aus Plastik war.

Plastikmüll vermeiden

Auch wenn Plastik im richtigen Abfallbehälter entsorgt wird, ist es ist leider nie wirklich weg, sondern nur woanders — z. B. auf der Müllhalde. Plastik verrottet extrem langsam und nie vollständig. Eine Plastikflasche braucht um die 450 Jahre, um sich zu zersetzen.

Fällt dir noch mehr ein, um Plastikmüll zu vermeiden?

HAPPY BIRTHDAY!

Jeder freut sich über Glückwünsche zu seinem Geburtstag. Damit du keinen Geburtstag mehr vergisst, kannst du die Jubiläumstage deiner Familie und Freunde hier eintragen. Vielleicht hast du auch schon eine Idee für ein Geschenk? Dann schreib sie doch gleich auf.

Januar

Februar

März

April

Mai

Juni

Juli

August

September

Oktober

November

Dezember

Tipp

Du kannst eine lustige Geschenkverpackung aus altem Zeitungspapier basteln: Mit buntem Klebeband, verziert mit Stempeln, Papierschleifen oder Naturmaterialien sieht es genauso schön aus wie gekauftes Geschenkpapier. Doch es ist kostenlos und es mussten nicht noch mehr Bäume für deine Verpackung gefällt werden.

Bildnachweis

Innenseiten: Satz: Elisabeth Holzapfel

adobe.stock.com: Hintergrund (HG) Wellen ©Анастасия Гевко; **Innentitel** Zweig, Wasserhahn ©ekazansk; **Bienenretter** Bienen u. Pflanzen ©Guz Anna, Bienenhotel ©alexandersw; **Erdbeer-Eistee** Erdbeere, Kerne ©Guz Anna; **Kräuterlimonade** Blätter, Muster ©Guz Anna, Limonade-Glas ©Wondervendy; **Echte Weltverbesserer** Outline Illust. ©pingebat; **Findest du die Honigbiene?** Biene 1,4, 6, 8 ©JuergenL, Biene 2 ©Eileen Kumpf, Biene 3 ©Patrizia Tilly, Biene 5 ©Daniel Bahrmann, Biene 7 ©Carola Vahldiek, Biene (Illust.) ©Toltemara, Blumen, Wiese ©Guz Anna; **Cześć, was?** Kinder ©Franzi draws; **Best friends** Kinder ©Franzi draws, Pfeil schwarz ©LeonART; **Berufe für Weltverbesserer** Outline Illust. ©pingebat; **Mach was Nettes!** Gießkanne ©pingebat; **Lecker, Kräuter** Outline Illust. ©pingebat, Roter Stängel u. grünes Outline-Blatt ©Guz Anna; **Honigbonbons selber machen!** Waben, Bienen, Blume, Gräser ©Toltemara; **Entdecke die Natur!** Marienkäfer ©pingebat; **Natur erleben!** Geschwungener Baum (Holzschnitt-Stil) ©conceptcafe, Sonne, V im Kreis ©pingebat; **Ruckzuck-T-Shirt-Tasche!** Shirt am Kleiderbügel ©Franzi draws, Pfeil ©LeonART; **Glückslisten** Kinder ©Franzi draws; **Zauberhafte Schmetterlinge** Schmetterling, Blumen, Wiese ©Guz Anna; **Die Superschule** Kopf ©pingebat; **Stecker raus!** Glühbirne ©pingebat; **Wie nachhaltig lebst du (schon)?** Blume ©Toltemara; **Zu Hause schmeckt's am besten** Gemüse, Besteck (grün), Obst, Kartoffeln (schwarz) ©Malinee; **Mülltrennen!** Outline Illust. (Hand) ©pingebat; **Ausflugstipps** Biene ©Patrizia Tilly, Fledermaus ©rockket; **Im Wald** Tiere, Bäume ©kronalux; **Post vom mir!** Tiere ©thruer, Blumen, Wiese ©Guz Anna; **Hallo, gute Laune!** Outline-Illust. ©rudut2015; **Ein Herz für Tiere** Hase, Igel ©pravdinal; **Auf zur Demo!** Libelle ©Guz Anna, Schnecke, Blumen, Fahne ©pravdinal, Friedenstaube ©pingebat; **Rotkehlchen oder Saatkrähe?** Sonne, Mond, Vogel, Schmetterling ©pravdinal, Vögel auf Zweig ©jivopira; **Nie wieder Folie** Bienen, Blumen, Herzen ©Guz Anna; **Bereit für die Polar-Expedition?** Erdkugel ©pingebat, Koffer, Surfbretter, Rad, Rollschuh ©jivopira, Zelt, Kompass ©pravdinal, Buch ©sinoptic, Teddy ©Gstudio Group, Mütze, Handschuhe, Schal, Socken, Stiefel, Jacke, Thermosflasche ©artspace; **Biosiegel** Outline-Illust. ©pingebat; **Warmes Winterquartier** Igelburg ©Christine Kuchem, Outline Illust. ©kronalux; **Bilderrätsel** Schildkröte © schlauml; **Was meinst du** Frau mit Rehkitz, Lupe, Karte, Kamera ©Good Studio; **Welches gefährdete Tier bist du!** Indianer Tier-Köpfe ©Alexandra; **Korken-Pinnwand!** Fledermaus ©Alexandra, Flasche, Recycling-Zeichen ©Good Studio; **Ab nach draußen** Blumen u. Blätter ©Toltemara, Käfer, Zapfen, Eicheln ©kronalux; **Gute Vorsätze** Schwan, Kanne, Rad, Vogel, Pusteblume, Herz ©Marina Zlochin; **Bist du ein Regenwald-Profi** Blume, Kolibri, Palme, Faultier ©AngellozOlga; **Umwerfende Umweltschützerinnen und hilfsbereite Helden** Blätter, Megafon, Frau pflanzt Baum ©Good Studio, Schimpanse ©thruer, Baum ©AngellozOlga, vier Kinder ©Franzi draws; **Wasser-Labyrinth** Wasserkanne u. Glas ©Malinee, Wasserhahn ©ekazansk, Zahnputzbecher, Ente ©Franzi draws; **Natur-Kunstwerk** Blume, Küken ©Guz Anna; **Welche Blume bin ich?** Blumen © Guz Anna; **Ausgestorben** Fantasie-Insekten ©Guz Anna; **Hilfe ist schön!** Katzen ©Guz Anna, Rad, Herz, Like, Smiley, Frau m. Kiste ©Good Studio, Häkchen, Zweig ©pingebat; **Hast du das Zeug zur Umweltministerin oder zum Umweltminister?** Illust. ©Good Studio; **Ameisenperspektive** Blumen, Wiese ©Guz Anna, Libelle, Ameise, Marienkäfer, Hummel, Hirschkäfer, Spinne, Wanze, Schmetterling, Kartoffelkäfer ©partyvector, Mistkäfer, Schnecke ©Azad Mammedli; **Wie war dein Tag?** Illust. ©Good Studio; **So wirst du zum Umweltretter!** 2 Tetra-Pack, 2 Plastik-Flaschen, 3 Tüten ©Olga, 2 Gläser m. Lebensmitteln, Schraubglas, grün, Apfel-Kiste, Papier-Tüte m. Lebensmitteln, 4 Nachfüll-Gläser ©schlaum!, Kühlschrank ©alxyzt, alle anderen Küchengeräte ©Hein Nouwens, Segelboot, Flugzeug, Bus, Auto, Zug, Kreuzfahrtschiff ©jivopira; **Bedrohte Meere** Schnecke, Krebs, Alge, Fisch ©lattesmile; **Energie** Outline-Illust. ©pingebat;

Wahr oder falsch? Tiere u. Blumen ©Guz Anna; **Perfekte Welt:** Element, Schraubglas, Kopf ©Marina Zlochin; **Pflanze eine Eiche!** Schaufel, Topf ©Tetyana Snezhyk, Mädchen m. Gießkanne © Franzi draws, Bäume ©Guz Anna, Eichenblätter ©nadydy; **Welcher Klimatyp bist du?** Vogel, Waschbär ©Guz Anna, Fisch ©lattesmile, Blume, Blatt ©nadydy, Kaktus ©anatartan, Landkarte ©drutska; **Erste Hilfe!** Erste-Hilfe-Koffer ©hchjjl; **Erste Hilfe fürs Klima!** Wolke, Blätter ©pingebat, Einkaufs-Netz ©Dariia, Burger ©learesphoto, Gemüse ©Tartila; **Naturmedizin!** Foto Gänseblümchen ©behewa, Outline-Illust. ©pingebat, alte s/w Zeichnung Gänseblümchen ©R.Wilairat; **Lach doch mal!** 3 Kinder, Kind m. Luftballons ©Iuliia; **Schützt die** Outline-Illust. ©pingebat; **Robbe zeichnen** Fisch, Seegras, Seestern ©lattesmile; **Aller guten Dinge sind drei** Illust. ©rudut2015; **Weniger Müll!** Plastik-Zahnbürste ©partyvector, Holz-Zahnbürste m. Zahnputzglas ©akumasp, Joghurt-Plastikbecher ©Vectorwonderland; **Sei nett zu dir selbst** Kakteen ©anatartan, Lachgesicht ©rudut2015; **Wusstest du, dass** Tagpfauenauge ©FK-Lichtbilder, Kleiner Fuchs ©Lioneska, Landkärtchen ©Eileen Kumpf; **Bist du im Sonnenschein?** Kinder ©Franzi draws; **In der Berghütte** Hütte m. Landschaft ©Marina; **Plastikalarm** Fische ©lattesmile, Plastikmüll ©leila_divine; **Happy Birthday!** Illust. ©Mokoland, Foto ©de_nise

Fotolia.com: HG abgerissenes Papier ©picsfive; HG grobes Papier ©locotearts; HG Kästchen ©pashabo; HG Papier ©tashka2000; HG Punkte ©Iveta Angelova, HG schräg schraffiert ©tinkerfrost; Pfeile ©larisa_zorina, Pinsel-Wischer eckig ©Maria Kazanova; Pinsel-Wischer rund ©nortivision; **Das bin ich!** HG Wischer ©Samokhin Roman; **Bienenretter** HG Wischer ©Samokhin Roman; **Cześć, was?** HG Streifen ©irenemuse; **Best friends** Katze ©Marina Zlochin, Pfeil weiß ©Kerstin Schoene; **Mach was Nettes!** Topfpflanzen ©Marina Zlochin; **Das Supertier!** Tiere ©Marina Zlochin; **Entdecke die Natur!** Kopf mit Blumen ©Marina Zlochin; **Glückslisten** Tiere, Zelt ©Marina Zlochin; **Die Superschule** HG Sterne ©Magdalena Kucova; **Was wäre wenn …?** Traumfänger ©Marina Zlochin; **Meine Gewohnheiten** HG Streifen ©irenemuse, Tiere ©Marina Zlochin; **Wie nachhaltig lebst du (schon)?** Eule ©Marina Zlochin, Pfeil weiß ©Kerstin Schoene; **Ein Herz für Tiere** Tiger-Kopf ©Marina Zlochin; **Rotkehlchen oder Saatkrähe?** Eule ©Marina Zlochin, Pfeil weiß ©Kerstin Schoene; **Gutes für die Umwelt** HG Sternchen ©Magdalena Kucova, Figuren ©Marina Zlochin; **Welches gefährdete Tier bist du?** Pfeil weiß ©Kerstin Schoene; **Bist du ein Regenwald-Profi** Pfeil rosa ©Kerstin Schoene; **Ausgestorben** Pfeile blau, türkis ©Kerstin Schoene; **Hast du das Zeug zur Umweltministerin oder zum Umweltminister?** Pfeil gelb ©Kerstin Schoene; **Wahr oder falsch?** Pfeil weiß ©Kerstin Schoene; **Sei nett zu dir selbst** HG Sterne ©Magdalena Kucova, Super-Hase ©Marina Zlochin

© holzapfel-design: Das bin ich! (Rahmen, Eintrag-Elemente), Wer bin ich? (Rahmen), Entdecke die Natur! (Rahmen), Natur erleben! (Picknickdecke), Zauberhafte Schmetterlinge (Schmetterlinge z. Zeichnen), Stecker raus! (Siegertreppe), Lachen ist gesund! (Köpfe z. Zeichnen), Im Wald (Fährten), Was meinst du (Rahmen), Ab nach draußen (Rahmen), Gute Vorsätze (Fähnchen), Wasser-Labyrinth (Fadenlabyrinth), Happy Day (Elemente z. Zeichnen), Natur-Kunstwerk (Rahmen), Bye-bye Plastik! (Tube), Lieblingsbäume (Rahmen), Bedrohte Meere (Hai), Lebensraum Baum (Tiere, Baum), Lach doch mal! (Rahmen), Robbe zeichnen (Robbe), Weniger Müll (durchs. Zahnputzglas, Klorollen, Joghurt im Glas, Papier-, Stofftaschentuch), Bist du ein Sonnenschein? (Sonne), In der Berghütte (Farbflächen), Plastikalarm (Rahmen)

© Hendrik Kranenberg: Illustrationen: Honigbonbons selber machen!, Ruckzuck-T-Shirt-Tasche!, Volle Bäuche für Piepmätze!, Stecker raus! (Haus), Mülltrennen! (Müllberg, Tonnen), Wilde Tiere in der Großstadt, Nie wieder Folie!, Tierisch beste Freunde, Bilderrätsel (Erde), Korken-Pinnwand! (Pinnwand), Wasser-Labyrinth (Kakao, Salat, Hähnchen, Tomaten, Feuerwehr, Planschbecken, Müllcontainer, Tonne), Natur-Kunstwerk, Ausgestorben (Beutelwolf, Auerochse, Dodo), Bye-bye Plastik!, Energie, Pflanze eine Eiche! (Anleitung), Erste Hilfe! (Anleitung)